2025

アサヒグループ HDの
就活ハンドブック

就職活動研究会 編
JOB HUNTING BOOK

は じ め に

　2021年春の採用から，1953年以来続いてきた，経団連（日本経済団体連合会）の加盟企業を中心にした「就活に関するさまざまな規定事項」の規定が，事実上廃止されました。それまで卒業・修了年度に入る直前の3月以降になり，面接などの選考は6月であったものが，学生と企業の双方が活動を本格化させる時期が大幅にはやまることになりました。この動きは2022年春そして2023年春へと続いております。

　また新型コロナウイルス感染者の増加を受け，新卒採用の活動に対してオンラインによる説明会や選考を導入した企業が急速に増加しました。採用環境が大きく変化したことにより，どのような場面でも対応できる柔軟性，また非接触による仕事の増加により，傾聴力というものが新たに求められるようになりました。

　『会社別就職ハンドブックシリーズ』は，いわゆる「就活生向け人気企業ランキング」を中心に，当社が独自にセレクトした上場している一流・優良企業の就活対策本です。面接で聞かれた質問にはじまり，業界の最新情報，さらには上場企業の株主向け公開情報である有価証券報告書の分析など，企業の多角的な判断・研究材料をふんだんに盛り込みました。加えて，地方の優良といわれている企業もラインナップしています。

　思い込みや憧れだけをもってやみくもに受けるのではなく，必要な情報を収集し，冷静に対象企業を分析し，エントリーシート作成やそれに続く面接試験に臨んでいただければと思います。本書が，その一助となれば幸いです。

　この本を手に取られた方が，志望企業の内定を得て，輝かしい社会人生活のスタートを切っていただけるよう，心より祈念いたします。

就職活動研究会

Contents

第1章

アサヒグループHDの
会社概況

会社によって選考方法は千差万別。面接で問われる内容や採用スケジュールもバラバラだ。採用試験ひとつとってみても，その会社の社風が表れていると言っていいだろう。ここでは募集要項や面接内容について過去の事例を収録している。

また，志望する会社を数字の面からも多角的に研究することを心がけたい。

✔ グループ理念

■ Our Mission
社会における使命・存在価値

期待を超えるおいしさ、楽しい生活文化の創造

■ Our Vision
アサヒグループのありたい姿・目指す姿

高付加価値ブランドを核として成長する "グローカルな価値創造企業" を目指す

■ Our Values
ミッションを果たし、ビジョンを実現するための価値観

挑戦と革新　最高の品質　感動の共有

■ Our Principles
ステークスホルダーへの行動指針・約束

すべてのステークホルダーとの共創による企業価値向上

顧客　期待を超える商品・サービスによるお客様満足の追求

社員　会社と個人の成長を両立する企業風土の醸成

社会　事業を通じた持続可能な社会への貢献

取引先　双方の価値向上に繋がる共創関係の構築

株主　持続的利益成長と株主還元による株式価値の向上

✔ 会社データ

本社所在地	〒130-8602　東京都墨田区吾妻橋1-23-1
設立	1949年（昭和24年）9月1日 （吸収分割を行ったアサヒビール株式会社が，2011年7月1日商号変更を行い，純粋持株会社のアサヒグループホールディングス株式会社になりました）
代表者	代表取締役社長 兼 CEO　勝木 敦志
資本金	220,216百万円（2022年12月31日現在）
業務内容	グループの経営戦略・経営管理
従業員数	29,920名（連結、2022年12月31日現在）
連結売上収益	25,111億円（2022年12月期実績）

✔ 仕事内容

事務系

業務用営業

業務用酒販店・飲食店・外食チェーン等の営業。お客様とパートナーシップを組んで、売上アップやファン作り等、お客様の課題解決の為に活動する。最終的にはアサヒファンを増やし、アサヒビール商品を取り扱っていただくことが使命。

量販営業

スーパー、コンビニエンスストア、ディスカウントストア等の営業。チェーン本部担当の役割は、お客様のニーズに沿った販売計画や売り場を提案すること。また、店舗担当の役割は、本部商談で決定した販売計画を、各店舗で実現できるように展開を図ることが主な使命。

営業企画

商品の販売を促進するための「販促企画」業務と、販売実績を分析したり、予算を作成する「統計」業務がある。前者は、地域によって異なる市場特性を理解し、販促活動を企画していく。また、後者は、数字やデータから課題をあぶりだしたり、読み取れる情報から先の戦略を立案していくことが使命である。

国際部

スーパードライ、ニッカウヰスキーやカルピス、ワンダを始めとしたグローバルブランドの輸出を含めた販売管理の他、世界各国のグループ会社の経営管理、及び技術・マーケ支援の仕事がある。取り扱う商品は酒類に限らずアサヒ飲料の商品や世界各国で発売するオリジナルブランド等多岐にわたる。

マーケティング

商品開発から販促戦略迄を企画立案し、実行する部隊。新商品を開発したり、ブランド戦略を立案したりする「マーケティング部」や、TV・ラジオ・新聞等の広告に携わったり、CM・ポスターなどを制作する宣伝部、市場調査を始めとした様々なブランド調査分析に携わるマーケティング企画部、ホームページをはじめとした WEB 上でのマーケティング戦略に携わるデジタルマーケティング部などがある。

技術系　生産研究部門

商品開発

培ってきたさまざまな技術を駆使して、革新的な製品の開発に取り組んでいます。既存の枠にとらわれることなく試行錯誤を繰り返しながら、お客さまに新たな「うまい！」を提案し続けていくことが使命です。また、環境負荷を低減させた容器やお客さまの使いやすさを追求した包装資材の開発もおこなっています。お客さまに「うまい！」生ビールを提供するための生ビールサーバーの開発も行っています。

技術開発

新しく魅力的なお酒を造るために、醸造技術や製造技術の開発を進めていくことが使命です。醗酵管理や微生物の遺伝子解析、香味成分の分析や官能検査技術の高度化に取り組み、「うまい！」に磨きをかけていきます。

醸造

自然の恵みである様々な原材料と酵母の力をつかって、いつでもどこでも高品質で同じ味のビールをつくるのが醸造部門の使命。研究所などの開発部門が設計したビールの味を数百キロリッターのレベルで再現するのが腕の見せ所。

パッケージング

醸造部がつくったビール類を、缶やびん、樽などの容器に充填し、商品をお客様へお届けするかたちに整えるセクション。製造工程の最終部分を担っており、醸造されたビールの高い品質をそのまま「パッケージング」することを使命としている。

基盤研究

健康領域での新規ビジネスの開拓とグループ全体の安心安全を担保することが使命です。基礎研究ではなく、新ビジネスの創出と既存の事業を守ることを目指した基盤研究です。

エンジニアリング部門

エンジニアリング

工場の製造設備や建物などについて、導入・更新・保全などを担う。ビールの製造のみならず、工場で働く社員の仕事すべてを設備の面から支える。No.1の商品をつくるためにNo.1の工場をつくること、それがエンジニアの使命である。

✔ 先輩社員の声

ビールへの愛情，諦めない気持ち，
最高にうまいビールをつくりたい

【アサヒビール／2014年入社】
同期の思いを叶えたい。悩んで，粘り続けた1ヶ月半。
「私が初めて担当する新商品，茨城工場でつくることになったよ。」研究所の同期社員から，突然来た一通のメール。商品開発を担当する同期が，初めて手がけた新商品。その仕込担当となったのは，茨城工場にいる私でした。
醸造部は，研究所が設計したビールの味を，工場できちんと再現するのが役目です。ただそれが難しかった。研究所にある小スケールの設備で開発された商品が，実際に商品化され，スケールの大きい工場でまったく同じ味を再現するということは，非常に難しいことです。「どうすればいいんだろう」と，昔の図面を引っ張り出し，一日中電卓を叩いて計算している日もありました。こんな日々が1ヶ月半ほど続きました。正直つらかった。それでも頑張れたのは，やはり同期が初めて担当した新商品を，しっかりと再現してあげたいという気持ちが強かったからだったからかもしれません。

苦労の末にできた商品が，人を喜ばす。だからあきらめない。
悩んでいる自分を救ってくれたのが，先輩の言葉。「頭で考えるのも大事だけど，実際に手を動かして試してみたら？」そのアドバイスをいただいてから，現場と実験室を行き来して小スケールの実験を何度も繰り返しました。最終的に大きな設備でイメージどおりに仕込むことができたときには，とにかくホッとしました。同期の商品をきちんと再現できたことが何より嬉しかったです。
完成した新商品がスーパーに並び，友人や家族に飲んでもらえる。SNSの写真で見かけるようになる。仕事をしていてこれ以上モチベーションアップにつながる瞬間はないですよ。自分のつくるものが，人々の笑顔につながっていると実感しているから，毎日の仕事に全力を注げるんです。

忘れられない先輩の言葉。「愛情を持ってビールをつくりなさい」
先輩のアドバイスには，何度も救われてきました。忘れられないのは，「愛情を持ってビールをつくりなさい」という一言。いくらビールづくりが機械によって自動化されても，麦芽は農作物だし酵母は生き物なので，人がしっかりと管理する必要があります。それを怠っていると，納得のいくビールづくりができないんです。
大切なのは，ビールへの愛情。どれだけ愛情を持って1回の仕込み，1本のタンクを愚直に管理できるか。変化に気付けるか。それが，うまいビールをつくる最大のポイントです。この姿勢を持ち続けてビールをつくります。ビールづくりの最前線にいる一人として，これからも最高のビールを届けていきたいです。

アサヒビール

職種	事務系 技術系：生産研究部門 技術系：エンジニアリング部門
初任給	大学卒　　　月給244,500円 大学院卒　月給259,500円
諸手当	家族手当・通勤手当等
昇給	年1回（4月）
賞与	年2回（6月，12月）
勤務時間	本社・支社・支店 勤務時間：9:00〜17:30 ※一部フレックスタイム制の導入事業所あり 工場・研究所 勤務時間：8:30〜17:00 ※一部フレックスタイム制の導入事業所あり
休日休暇	休日：完全週休2日制（土、日曜日）、年間休日123日 休暇：年次有給休暇（10〜20日）、慶弔休暇、リフレッシュ休暇、メモリアル休暇、アサヒナイスライフ休暇（ボランティア休暇）等
福利厚生	社会保険完備（健康保険、厚生年金、雇用保険、労働災害補償保険（労災））

アサヒ飲料

募集条件	●2024年3月までに4年制大学卒業見込み／修士・博士課程修了見込みの方 ●2021年3月〜2023年3月までに4年制大学卒業／修士・博士課程修了し、 　2023年3月時点で正社員ではない方 ●全国転勤可能な方 ●普通自動車免許をお持ちの方、もしくは入社までに取得可能な方
募集コース	●事務系総合　＊学部問わず 将来的に、様々な領域で、当社の事業を推進してくれる方。 【初期配属：営業外勤、営業内勤(営業企画、MD等)、マーケティング、財務、人事など】 ●データアナリスト　＊学部問わず データの分析、解析を強みとする方。指定の学部はありませんが、経営工学系、情報系、統計学系等を専攻されている方が望ましいです。 【初期配属：SCM(物流)、デジタル戦略など】 ●日本一　＊学部問わず 分野を問わず、日本一になった経験を、当社の事業に活かしたいと考えてくれる方。 【初期配属：ご本人の強み、等を考慮して、検討いたします。】 ●技術系 生産研究　＊理系の方が望ましい 当社の生産部門、研究開発部門を中心として、事業を推進してくれる方。 【初期配属：研究開発本部(商品開発所・技術研究所)、各工場製造部など】 ●技術系 エンジニアリング　＊理系の方が望ましい 当社のエンジニアリング部門を中心として、事業を推進してくれる方。 指定の学部はありませんが、工学系の方が望ましいです。 【初期配属：各工場エンジニアリング部】 ※初期配属以降は、あらゆる部門へジョブローテーションの可能性がありますので、初期配属の部門で固定というわけではありません。

給与	大卒基本給　月給232,000円 院卒基本給　月給247,000円 ※2022年4月時点の給与
諸手当	家族手当、住宅手当、時間外手当、在宅勤務手当、通勤手当(実費支給)　等々
昇給	年1回(4月)
賞与	年2回(6月・12月)
勤務地	本社、営業拠点、製造拠点、研究開発拠点
勤務時間	9:00～17:30(事業場及び時期により変動あり)
休日休暇	週休2日制(土・日・祝日/当社カレンダーによる)，年間休日123日，年次有給休暇(10日～20日付与)，慶弔休暇・リフレッシュ休暇等
福利厚生制度	社会保険完備，社員共済会，財形貯蓄制度，社員貸付金制度，育児休業制度，介護休業制度，スーパーフレックスタイム制度，社宅寮制度，その他福利厚生制度あり
研修制度	新入社員研修，選抜型研修，通信研修　等

✔2023年の重要ニュース （出典：日本経済新聞）

■アサヒ飲料、缶コーヒー「ワンダ」25円値上げ 25年ぶり（2/6）

　アサヒ飲料は6日、缶コーヒーの「ワンダ」など62品の希望小売価格を5月に4〜25％値上げすると発表した。「ワンダモーニングショット缶185グラム」は115円から140円に25円値上げする。缶コーヒーの値上げは1998年以来、25年ぶり。

　「三ツ矢サイダー缶500ミリリットル」なども対象にする。「三ツ矢サイダー缶250ミリリットル」など11品は、2022年10月に続き再値上げとなる。

　直販の自販機では缶コーヒーを130円で販売しているが、10円の値上げにとどめる。すでに販売価格が希望小売価格より高いため、販売が減るリスクを考慮した。

　2日にサントリー食品インターナショナルが缶コーヒーなどの値上げを発表しており、アサヒも追随する。

■アサヒ飲料が「CO2を食べる自販機」 工業原料に活用も（5/9）

　アサヒ飲料は9日、空気中の二酸化炭素（CO_2）を吸収する「CO_2を食べる自販機」を開発したと発表した。自動販売機内に粉末状の吸収材を置くことで、使用電力のCO_2排出量の最大2割分を削減できる。CO_2を含んだ吸収材は地方自治体や企業と連携し、肥料やコンクリートなどに配合して工業原料として活用する。24年の本格導入をめざす。

　米女太一社長は9日、「自販機はお客様にとって身近なインフラ。電力を使うというよりCO_2を吸収する発想で、いままで（脱炭素の面で）ネガティブだったものがポジティブになるポテンシャルがある」と話す。

　コンセプトは「都会の中に森を作る」。商品を冷やしたり温めたりする際に空気を吸い込んでCO_2を吸収する様子を森に例えた。1台あたりの年間吸収量は樹齢56〜60年のスギの木約20本分に相当するという。自販機下部の空きスペースに吸収材を設置するため稼働に影響はない。

　6月に関東・関西エリアで実証実験を始める。屋内や地下鉄などCO_2濃度が高いとされる場所に約30台を設置。CO_2吸収量や吸収スピードを検証する。当面は新台として設置する予定だが、既存の自販機にもコストをかけずに導入できるという。大気中のCO_2を吸収できる自販機として特許出願中だ。

飲料総研（東京・新宿）調べでは21年の自販機の稼働台数は219万台。アサヒ飲料は22年時点で約26万台を持つ。同社によると自販機の電力消費によるCO_2排出量は20年前に比べて6割減となったもののここ数年は横ばいとなっており、削減は飲料メーカー共通の課題となっている。

　アサヒ飲料CSV戦略部長の相田幸明氏は「大気中のCO_2を吸収する木と同じような役割を果たす」と話す。より吸収能力の高い素材開発を進め、30年をめどに使用する電力分を相殺して自販機のCO_2排出ゼロをめざす。

■アサヒ、度数3.5%のビール発表　サッポロは機能系（8/23）

　アサヒビールは23日、主力ビールの「スーパードライ」ブランドからアルコール度数が3.5%の「ドライクリスタル」を10月11日に発売すると発表した。サッポロビールも同日、糖質とプリン体を従来品から70%減らした機能系ビール「サッポロ生ビール　ナナマル」を発表した。10月に控えるビール減税で市場が盛り上がるとみて新商品を投入する。

　アサヒのドライクリスタルは既存商品の度数5%より低く抑えた。スーパードライと同じ酵母を使い、冷涼感が特徴のドイツ産ホップで香りと苦みを引き立たせた。スーパードライと同じ標準的な価格帯で、1缶350ミリリットルの店頭想定価格は225円前後。販売数量は23年内に150万ケース（1ケースは大瓶20本換算）、2030年に1000万ケース規模をめざす。

　アサヒの調査ではビールのうち度数4〜6%が97.8%を占めるという。アサヒビールの松山一雄社長は「新しい需要を喚起する未来志向の商品。10年後の『ど真ん中』を作りたい」と話す。

　サッポロビールはビールの新商品「サッポロ生ビール　ナナマル」を10月17日に発売する。糖質とプリン体の2つの「オフ」をうたうビールは日本で初めてという。開発に約7年をかけ、300回以上の試験醸造を重ねたという。

　サッポロによると、糖質などの「オフ」や「ゼロ」をうたう機能系商品の約9割が発泡酒や第三のビールだ。10月の酒税改正ではビールが350ミリリットル1缶あたり6.65円の減税になる一方、第三のビールは9.19円の増税になる。第三のビールから一定数がビールに流れるとみて、機能系のビールを投入する。

　店頭想定価格は主力の「黒ラベル」と同じ1缶225円前後。23年の販売数量は50万ケース、24年は200万ケースをめざす。サッポロビール常務執行役員マーケティング本部長の武内亮人氏は「10月の酒税改正はチャンスでもありリスクでもある。お客様の動きを的確に捉え、新しい提案をしていく」と話す。

✔2022年の重要ニュース (出典:日本経済新聞)

■アサヒGHD、CO2を70%削減へ　500億円投資(1/20)

　アサヒグループホールディングス（GHD）は2030年に19年比で50%減としていた二酸化炭素（CO2）排出量の削減目標を70%減に引き上げる。再生可能エネルギー由来の電力購入などで30年までに環境投資に500億円以上を充てる。脱炭素の動きが加速するなか、将来は炭素税などのコスト増も懸念されており、早期の対策で事業への影響を抑える。

　同社は18年に30%減（15年比）の削減目標を掲げ、20年には50%減に引き上げていた。アサヒGHDは仮にCO2の排出量1トンあたり100ドルの炭素税が導入された場合、清涼飲料と酒類合計で30年に64億7000万円の負担増を見込む。炭素税の導入議論が高まるなかで先手を打つ。

　欧州では取り組みが先行している。同社のCO2排出量は20年時点で世界で83万トンにのぼる。20年にはオランダやイタリアの4工場で風力発電を中心に使用電力の100%再生エネ化を達成。ポーランドの3工場でも21年に風力発電由来の電力に切り替えた。

　日本でも再生エネ化を進める。現在は国内33工場のうち21工場で再生エネを導入しているが、25年までに国内全拠点で導入を目指す。海外も含む9割の工場で使用電力の全量が再生エネとなる見通しだ。

■アサヒ飲料、「ウィルキンソン」で20～30代向け新商品(2/7)

　アサヒ飲料は7日、無糖の炭酸水「ウィルキンソン」シリーズの新商品を3月15日に発売すると発表した。「ウィルキンソン　タンサン　# sober（タグソバー）　スパイシーレモンジンジャ」は20～30代を主要想定顧客に据え、あえて酒を飲まない「ソバーキュリアス」と呼ぶ趣向の人に向けて訴求する。

　原料にスパイスを使用してピリッとした辛味のあるレモン味が特徴だ。内容量は450ミリリットルのペットボトルで、希望小売価格は103円。自動販売機を除く全国のスーパーやコンビニエンスストアなどで取り扱う。年間100万ケースの販売をめざす。

　ウィルキンソンブランドの2021年の出荷数量は前年比5%増の3108万ケースだった。22年は21年比7%増の3320万ケースを目指す。アサヒ飲料によると購入者の5割超が40～50代である一方、20～30代は全体の4分の1で開拓余地があると考えた。タグソバーブランドで今夏以降、新しい味の

第 2 弾を投入する予定という。

　炭酸水市場は右肩上がりで増加している。同社では 21 年の約 6000 万ケースから 30 年には 1 億ケースになる試算もある。新型コロナウイルス禍で在宅時間中の気分転換や酒の割り材としての需要が増えている。同社は 30 年までに炭酸水で 5000 万〜 6000 万ケースの販売数量を目指す。

■アサヒビール、6 〜 10% 値上げ　家庭用ビールは 14 年ぶり（4/26）

　アサヒビールは 26 日、ビールや缶チューハイなどの酒類 162 品目を値上げすると発表した。10 月 1 日に卸向けの出荷価格を改定する。店頭価格はビールや缶チューハイで 6 〜 10%、国産ウイスキー 10 品目で 7 〜 17% 上がると見込む。家庭用ビールの値上げは 2008 年 3 月以来 14 年ぶり。原材料価格の高騰は業界共通の課題で、ほかのビール大手も追随する可能性がある。

　値上げするのは「アサヒスーパードライ」や「クリアアサヒ」など第三のビールや発泡酒を含むビール類、ノンアルコール飲料、チューハイ、国産ウイスキーなど。ビール類はアサヒが取り扱う商品の 99% が対象。業務用ビールも 18 年 3 月以来の値上げとなり、新型コロナウイルス禍で経営環境が悪化している飲食店に重荷となる。

　大麦やアルミなど原材料価格が高騰しており、価格への転嫁を決めた。アサヒグループホールディングス（GHD）は 22 年 12 月期、原料高で前期比 400 億円のコスト増を見込んでいる。ビールは酒税改正で 23 年と 26 年に減税を控える。勝木敦志社長はかねて「ビールは減税でモメンタム（勢い）が上がっており、消費マインドを冷やすことはしにくい」と話していたが、ロシアのウクライナ侵攻などによる原材料の高騰や円安・ドル高の進行が一段の重荷になった。

　原材料高に苦しむのは競合も同様だ。アサヒ GHD にキリンホールディングス、サントリーホールディングス、サッポロホールディングスを加えた酒類大手 4 社の 22 年の原料高によるコスト増の見込みは、2 月時点で 800 億円超に達している。

　08 年の家庭用ビールの値上げ時には、最初に発表したキリンビールをはじめ大手 4 社が一斉に値上げを打ち出した。キリンビールは今回については「現時点で決まったことはない」としながらも「コスト上昇の課題は認識している。値上げは検討している」とコメントしている。

✔2021年の重要ニュース (出典：日本経済新聞)

■欧州全17工場で再生エネ100％に　25年目標（1/4）

　アサヒグループホールディングス（GHD）は2025年までに欧州で展開する全17工場で、使用電力のすべてを再生可能エネルギー由来に切り替える。風力発電が普及し、再生エネの調達費用が安い欧州で先行して取り組み、50年には世界の全工場での達成を目指す。温暖化ガス問題は炭素税など企業に新たな費用負担を迫っており、対応を急ぐ。

　アサヒGHDは19年に世界で948ギガ（ギガは10億）ワット時の電力を使用し、欧州事業は約3割を占めた。20年にオランダとイタリアの計4工場で風力発電を中心とした再生エネ100％に切り替えたほか、21年中にポーランドの3工場で全量を風力発電にする。欧州の残る10工場でも25年までにすべての電力を風力や太陽光などの再生エネにする。

　欧州では風力発電のコストが下がるなど、再生エネを調達しやすい環境にある。アサヒGHDによれば、欧州全工場を再生エネに切り替えても、従来と比べて電力の費用は下がる見通しという。

　アサヒGHDは20年6月に買収したオーストラリア事業を含め、世界で全76工場を持つ。再生エネの利用率は20年時点で8％だが、欧州を皮切りに50年に世界で100％を目指す。

　温暖化ガスの排出量削減に向け、世界では排出量に応じて課税する炭素税や超過分を市場でやり取りする排出枠取引の導入が進みつつある。アサヒGHDは二酸化炭素の排出量1トンあたり100ドルの炭素税が全世界で導入された場合、30年には最大57億円のコスト増につながるとみる。

　温暖化ガスへの企業対応としては、事業で使うすべての電力を再生エネで賄うことを目指す国際的な企業連合「RE100」がある。20年12月時点で世界の280社超（日本企業は46社）が名を連ね、アサヒGHDも20年10月に加盟した。

　アサヒGHDにとっては事業そのものに直結する面もある。温暖化が進めば、ビールの原料である農作物の収穫量が減る恐れがあるからだ。2100年までに世界の平均気温が18世紀の産業革命前と比べ2度上昇した場合、ホップの収穫量は50年に18年比で7％減り、トウモロコシの収穫量も13％少なくなる見通しだ。

■ CO2 を 5 割削減　30 年度目標再設定（3/18）

　アサヒグループホールディングス（GHD）は二酸化炭素（CO_2）排出の削減の設定を見直す。使った化石燃料からの排出を指す「スコープ 1」と電力消費からの間接的な排出を示す「スコープ 2」の合計排出量について、2030 年に 19 年比で 5 割削減する目標を新たに設けた。海外企業の買収が相次いだため、従来の目標を再設定し、より実態に合わせる。50 年までにグループ全体で「カーボンゼロ」を目指す最終目標は据え置く。

　19 年のスコープ 1 とスコープ 2 の合計排出量は 90 万 9 千トンだった。これを 30 年に 50% に半減する。19 年時点で国内からの排出が 46 万トン、海外からの排出が 44 万トンある。海外では風力発電からの電力調達や、自社工場での太陽光発電の導入など、再生可能エネルギーの導入が進んでいるため、海外のスコープ 2 の削減が大きく進むとみる。国内でもスコープ 1、スコープ 2 の削減をさらに進めていく必要がある。

　海外のスコープ 2 の削減に向け、欧州では 25 年に工場で使用する電力を 100% 再エネに切り替える。20 年 6 月に買収を完了した、豪ビール最大手カールトン＆ユナイテッドブリュワリーズ（CUB）も 25 年までに購入電力のすべてを再エネに切り替える。自社工場での発電も進める。クイーンズランド州の工場の屋上に太陽光発電を設置し、21 年内に稼働する。

■ アサヒ GHD、サステナビリティー事業の新会社（12/3）

　アサヒグループホールディングス（GHD）は 3 日、サステナビリティー（持続可能性）関連事業の新会社を 2022 年 1 月に設立すると発表した。バイオマス素材を使ったエコカップや、廃棄される食材を使ったクラフトビールなどを製造・販売する。グループ横断で取り組むサステナビリティー事業なども担う。

　新会社の社名は「アサヒユウアス」。アサヒビールが取り扱っている木質繊維を使ったエコカップや、地元のコーヒー店で廃棄されるコーヒー豆を使用したビールなどの製造、販売を担う。初年度の売上高目標は 1 億 5000 万円で、3 年以内の黒字化を目指す。社長にはアサヒ GHD の高森志文理事が就く。

　サステナビリティー関連事業はアサヒビール本体で手掛けているが、全体の予算に占める割合は限られている。そのため収益化の視点が弱く、持続的な取り組みができなくなる可能性があったという。高森理事は「新会社として独立し、単独で黒字化を続けることで継続してサステナビリティー事業に取り組める」と話している。

チャレンジ精神を評価してくださる企業だと感じました。会社への尊敬の念を持ち，やる気を伝えるとよいと思います。

生産研究 2021卒

エントリーシート

・形式：採用ホームページから記入
・内容：将来ありたい姿とそれをアサヒビールで実現したい理由，研究テーマについて，パーソナリティ（3つ）とそのエピソード

セミナー

・選考とは無関係
・服装：リクルートスーツ
・内容：コロナ禍の影響によりWebで社員座談会を実施，1対1で30分間

筆記試験

・形式：Webテスト
・課目：数学，算数／国語，漢字／性格テスト
・内容：SPI

面接（個人・集団）

・雰囲気：和やか
・回数：3回
・内容：志望動機，自己PRなどの一般的な質問を深堀された。最終面接ではやってみたい新規事業について聞かれた

内定

・拘束や指示：他社を辞退してほしいと言われた
・通知方法：電話（最終面接当日の夜）

面接に向けては、お酒，とくにビールについて考察しておくと話のネタになると思う。

事務系総合職 2020卒

エントリーシート
・形式：採用ホームページから記入

セミナー
・選考とは無関係。服装：リクルートスーツ
・Asahicafe やone to one，壮行会など選考フローに沿って社員の方のお話を伺う機会が何度も設けられていた。他業者や同業他社との比較になったり，面接で話すネタになったりして有意義だった。

筆記試験
・形式：Webテスト
・課目：数学，算数/ 国語，漢字/ 性格テスト

面接（個人・集団）
・自己紹介＋志望動機，学生時代力を入れたこと（エントリーシートの深掘り），集団の中でリーダーシップを発揮した経験，小学生の頃の思い出，自分の弱点，好きな色，周りからどんな人と言われるか，美味しい生ビールはどんなビールか，自分を表す漢字

内定
・通知方法：電話
・拘束はなく，むしろ迷っていたら相談してほしいと言ってくれた

▶ その他受験者からのアドバイス
・面接の通過通知のタイミングは人によって違うので即日に来なくても大丈夫。

事務系 2019卒

エントリーシート
・質問内容は,「現在」のあなたの特徴を複数あげて解りやすく説明してください。
　あなたという人物を伝えるために,過去(高校時代〜現在)から将来までの自
　分史を自由に作成してください。　　等
・提出方法は,マイページ上で

セミナー
・内容は,社員さん・内定者との座談会生の声を聴くことができ,そこで感じた
　ことを面接で話すこともできる
・ES の出来で「ES 通過者セミナー」と,「プレミアムセミナー」に振り分けら
　れる。

面接(個人・集団)
・自己紹介,自己紹介の深堀,学生時代に頑張ったこと,一番大変だった点,
・どう乗り越えたか,その経験をどのように活かすか,アサヒ飲料がこれから
　M&A をするならどのような会社をするか　　等
・非常に和やかで相槌を打ちながら話を聞いてくれる

内定
・内定時期は,6月中旬
・承諾検討期間は,当日

インターンには積極的に参加しましょう。企業というものが見えてくると思います。

事務系総合 2017卒

エントリーシート
・形式は，ナビサイト（リクナビなど）から記入

セミナー
・選考との関係は，無関係だった
・服装は，リクルートスーツ
・内容は，総務部長によるキャリアガイダンス

筆記試験
・形式は，記述式／Webテスト
・課目は，数学，算数／国語，漢字／性格テスト／一般教養・知識／クレペリン

面接（個人・集団）
・雰囲気は，和やか
・回数は，4回

内定
・通知方法は，電話

● その他受験者からのアドバイス
・どの企業よりも笑いが多い面接であった点。
・面白い面接であったが，何を見られていた分からなった

とにかく自己分析が大切。あとは自分の気持に正直になって，決して妥協しないことがいい結果に結び付くと思います。

総合職 2016卒

エントリーシート

・Web で記入して送信する形式（ホームページから）。

・内容は「アサヒビールに入社したい理由と，実現したい夢」「あなたはどんな人か，あなたらしさを自由に表現」「これまでの人生で挑戦したこと，または感動したエピソードについて」など。

セミナー

・選考とは無関係だった。

・服装はリクルートスーツ着用。

面接（個人・集団）

・回数は 3 回だった。

・内容は「製品の課題及び提言」「人生の中で最もピンチだった時とその切り抜け方」「小学校時代の一番わくわくしたこと」「そりが合わない相手と上手にやっていく方法」など。

内定

・通知方法は電話だった。

企業研究の際には，同業他社との違いを明確に語ることができるよう，自分なりに分析することが大切です。

研究開発職 2016卒

エントリーシート

・Webで記入して送信する形式（ホームページから）。
・内容は「あなたのこれまでの人生で挑戦した経験について」「当社の研究
・職を志望する理由」「入社して実現したいこと」「強み・長所」など。

筆記試験

・形式は記述式。
・課目は，英語，数学，国語，理工系専門試験など。

面接（個人・集団）

・回数は3回だった。

内定

・通知方法は電話だった。

✔ 有価証券報告書の読み方

01 部分的に読み解くことからスタートしよう

「有価証券報告書（以下，有報）」という名前を聞いたことがある人も少なくはないだろう。しかし，実際に中身を見たことがある人は決して多くはないのではないだろうか。有報とは上場企業が年に1度作成する，企業内容に関する開示資料のことをいう。開示項目には決算情報や事業内容について，従業員の状況等について記載されており，誰でも自由に見ることができる。

　一般的に有報は，証券会社や銀行の職員，または投資家などがこれを読み込み，その後の戦略を立てるのに活用しているイメージだろう。その認識は間違いではないが，だからといって就活に役に立たないというわけではない。就活を有利に進める上で，お得な情報がふんだんに含まれているのだ。ではどの部分が役に立つのか，実際に解説していく。

■有価証券報告書の開示内容

　では実際に，有報の開示内容を見てみよう。

有価証券報告書の開示内容

第一部【企業情報】
　　第1　【企業の概況】
　　第2　【事業の状況】
　　第3　【設備の状況】
　　第4　【提出会社の状況】
　　第5　【経理の状況】
　　第6　【提出会社の株式事務の概要】
　　第7　【提出会社の状参考情報】
第二部【提出会社の保証会社等の情報】
　　第1　【保証会社情報】
　　第2　【保証会社以外の会社の情報】
　　第3　【指数等の情報】

有報は記載項目が統一されているため，どの会社に関しても同じ内容で書かれている。このうち就活において必要な情報が記載されているのは，第一部の第1【企業の概況】～第5【経理の状況】まで，それ以降は無視してしまってかまわない。

02 企業の概況の注目ポイント

第1【企業の概況】には役立つ情報が満載。そんな中，最初に注目したいのは，冒頭に記載されている【主要な経営指標等の推移】の表だ。

回次		第25期	第26期	第27期	第28期	第29期
決算年月		平成24年3月	平成25年3月	平成26年3月	平成27年3月	平成28年3月
営業収益	(百万円)	2,532,173	2,671,822	2,702,916	2,756,165	2,867,199
経常利益	(百万円)	272,182	317,487	332,518	361,977	428,902
親会社株主に帰属する当期純利益	(百万円)	108,737	175,384	199,939	180,397	245,309
包括利益	(百万円)	109,304	197,739	214,632	229,292	217,419
純資産額	(百万円)	1,890,633	2,048,192	2,199,357	2,304,976	2,462,537
総資産額	(百万円)	7,060,409	7,223,204	7,428,303	7,605,690	7,789,762
1株当たり純資産額	(円)	4,738.51	5,135.76	5,529.40	5,818.19	6,232.40
1株当たり当期純利益	(円)	274.89	443.70	506.77	458.95	625.82
潜在株式調整後1株当たり当期純利益	(円)	—	—	—	—	—
自己資本比率	(%)	26.5	28.1	29.4	30.1	31.4
自己資本利益率	(%)	5.9	9.0	9.5	8.1	10.4
株価収益率	(倍)	19.0	17.4	15.0	21.0	15.5
営業活動によるキャッシュ・フロー	(百万円)	558,650	588,529	562,763	622,762	673,109
投資活動によるキャッシュ・フロー	(百万円)	△370,684	△465,951	△474,697	△476,844	△499,575
財務活動によるキャッシュ・フロー	(百万円)	△152,428	△101,151	△91,367	△86,636	△110,265
現金及び現金同等物の期末残高	(百万円)	167,525	189,262	186,057	245,170	307,809
従業員数[ほか，臨時従業員数]	(人)	71,729 [27,746]	73,017 [27,312]	73,551 [27,736]	73,329 [27,313]	73,053 [26,147]

見慣れない単語が続くが，そう難しく考える必要はない。特に注意してほしいのが，**営業収益**，**経常利益**の二つ。営業収益とはいわゆる**総売上額**のことであり，これが企業の本業を指す。その営業収益から営業費用（営業費（販売費＋一般管理費）＋売上原価）を差し引いたものが**営業利益**となる。会社の業種はなんであれ，モノを顧客に販売した合計値が営業収益であり，その営業収益から人件費や家賃，広告宣伝費などを差し引いたものが営業利益と覚えておこう。対して経常利益は営業利益から本業以外の損益を差し引いたもの。いわゆる金利による収益や不動産収入などがこれにあたり，本業以外でその会社がどの程度の力をもっているかをはかる絶好の指標となる。

■会社のアウトラインを知れる情報が続く。

この主要な経営指標の推移の表につづいて、「会社の沿革」、「事業の内容」、「関係会社の状況」「従業員の状況」などが記載されている。自分が試験を受ける企業のことを，より深く知っておくにこしたことはない。会社がどのように発展してきたのか，主としている事業はどのようなものがあるのか，従業員数や平均年齢はどれくらいなのか，志望動機などを作成する際に役立ててほしい。

03 事業の状況の注目ポイント

第2となる【事業の状況】において，最重要となるのは**業績等の概要**といえる。ここでは1年間における収益の増減の理由が文章で記載されている。「○○という商品が好調に推移したため，売上高は△△になりました」といった情報が，比較的易しい文章で書かれている。もちろん，損失が出た場合に関しても包み隠さず記載してあるので，その会社の1年間の動向を知るための格好の資料となる。

また，業績については各事業ごとに細かく別れて記載してある。例えば鉄道会社ならば，①運輸業，②駅スペース活用事業，③ショッピング・オフィス事業，④その他といった具合だ。**どのサービス・商品がどの程度の売上を出したのか**，会社の持つ展望として，今後**どの事業をより活性化**していくつもりなのか，などを意識しながら読み進めるとよいだろう。

■「対処すべき課題」と「事業等のリスク」

業績等の概要と同様に重要となるのが，「**対処すべき課題**」と「**事業等のリスク**」の2項目といえる。ここで読み解きたいのは，その会社の**今後の伸びしろ**について。いま，会社はどのような状況にあって，どのような課題を抱えているのか。また，その課題に対して取られている対策の具体的な内容などから経営方針などを読み解くことができる。リスクに関しては法改正や安全面，他の企業の参入状況など，会社にとって決してプラスとは言えない情報もつつみ隠さず記載してある。客観的にその会社を再評価する意味でも，ぜひ目を通していただきたい。

次代を担う就活生にとって，ここの情報はアピールポイントとして組み立てやすい。「新事業の○○の発展に際して……」，「御社が抱える●●というリスクに対して……」などという発言を面接時にできれば，面接官の心証も変わってくるはずだ。

　最後に注目したいのが，第5【経理の状況】だ。ここでは，簡単にいえば【主要な経営指標等の推移】の表をより細分化した表が多く記載されている。ここの情報をすべて理解するのは，簿記の知識がないと難しい。しかし，そういった知識があまりなくても，読み解ける情報は数多くある。例えば**損益計算書**などがそれに当たる。

連結損益計算書

(単位：百万円)

	前連結会計年度 (自 平成26年4月1日 至 平成27年3月31日)	当連結会計年度 (自 平成27年4月1日 至 平成28年3月31日)
営業収益	2,756,165	2,867,199
営業費		
運輸業等営業費及び売上原価	1,806,181	1,841,025
販売費及び一般管理費	※1 522,462	※1 538,352
営業費合計	2,328,643	2,379,378
営業利益	427,521	487,821
営業外収益		
受取利息	152	214
受取配当金	3,602	3,703
物品売却益	1,438	998
受取保険金及び配当金	8,203	10,067
持分法による投資利益	3,134	2,565
雑収入	4,326	4,067
営業外収益合計	20,858	21,616
営業外費用		
支払利息	81,961	76,332
物品売却損	350	294
雑支出	4,090	3,908
営業外費用合計	86,403	80,535
経常利益	361,977	428,902
特別利益		
固定資産売却益	※4 1,211	※4 838
工事負担金等受入額	※5 59,205	※5 24,487
投資有価証券売却益	1,269	4,473
その他	5,016	6,921
特別利益合計	66,703	36,721
特別損失		
固定資産売却損	※6 2,088	※6 1,102
固定資産除却損	※7 3,957	※7 5,105
工事負担金等圧縮額	※8 54,253	※8 18,346
減損損失	※9 12,738	※9 12,297
耐震補強重点対策関連費用	8,906	10,288
災害損失引当金繰入額	1,306	25,085
その他	30,128	8,537
特別損失合計	113,379	80,763
税金等調整前当期純利益	315,300	384,860
法人税、住民税及び事業税	107,540	128,972
法人税等調整額	26,202	9,326
法人税等合計	133,742	138,298
当期純利益	181,558	246,561
非支配株主に帰属する当期純利益	1,160	1,251
親会社株主に帰属する当期純利益	180,397	245,309

　主要な経営指標等の推移で記載されていた**経常利益**の算出する上で必要な営業外収益などについて，詳細に記載されているので，一度目を通しておこう。

　いよいよ次ページからは実際の有報が記載されている。ここで得た情報をもとに有報を確実に読み解き，就職活動を有利に進めよう。

※抜粋

企業の概況

1 主要な経営指標等の推移

（1） 連結経営指標等 ･･････････････････････････････････

回次		第95期	第96期	第97期	第98期	第99期
決算年月		2018年12月	2019年12月	2020年12月	2021年12月	2022年12月
売上収益	（百万円）	2,120,291	2,089,048	2,027,762	2,236,076	2,511,108
税引前利益	（百万円）	207,308	197,391	125,399	199,826	205,992
当期利益	（百万円）	150,938	141,290	92,584	153,823	151,717
親会社の所有者に帰属する当期利益	（百万円）	151,077	142,207	92,826	153,500	151,555
当期包括利益合計	（百万円）	42,795	149,721	147,763	295,622	361,781
親会社の所有者に帰属する当期包括利益	（百万円）	42,327	150,815	148,151	295,255	361,604
親会社の所有者に帰属する持分	（百万円）	1,146,420	1,246,314	1,516,124	1,757,104	2,060,734
資産合計	（百万円）	3,079,315	3,140,788	4,439,378	4,547,748	4,830,344
1株当たり親会社所有者帰属持分	（円）	2,502.67	2,720.76	2,992.06	3,467.47	4,067.12
基本的1株当たり利益	（円）	329.80	310.44	196.52	302.92	299.10
希薄化後1株当たり利益	（円）	329.79	310.42	196.49	302.89	299.06
親会社所有者帰属持分比率	（％）	37.2	39.7	34.2	38.6	42.7
親会社所有者帰属持分当期利益率	（％）	13.2	11.9	6.7	9.4	7.9
株価収益率	（倍）	12.9	16.1	21.6	14.8	13.8
営業活動によるキャッシュ・フロー	（百万円）	252,441	253,469	275,859	337,812	265,991
投資活動によるキャッシュ・フロー	（百万円）	22,505	△103,666	△1,243,372	△14,348	△69,186
財務活動によるキャッシュ・フロー	（百万円）	△270,564	△158,841	956,759	△320,325	△219,556
現金及び現金同等物の期末残高	（百万円）	57,317	48,489	48,460	52,743	37,438
従業員数（外、平均臨時雇用者数）	（名）	28,055 (6,608)	29,327 (6,849)	29,850 (6,849)	30,020 (6,665)	29,920 (6,645)

（注） 国際会計基準（以下「IFRS」という。）に基づいて連結財務諸表を作成しております。

(point) 主要な経営指標等の推移

数年分の経営指標の推移がコンパクトにまとめられている。見るべき箇所は連結の売上，利益，株主資本比率の3つ。売上と利益は順調に右肩上がりに伸びているか，逆に利益で赤字が続いていたりしないかをチェックする。株主資本比率が高いとリーマンショックなど景気が悪化したときなどでも経営が傾かないという安心感がある。

(2) 経営指標等 ··

回次		第95期	第96期	第97期	第98期	第99期
決算年月		2018年12月	2019年12月	2020年12月	2021年12月	2022年12月
営業収益	(百万円)	244,201	200,895	191,290	210,060	172,189
経常利益	(百万円)	211,037	162,562	145,848	165,891	148,471
当期純利益	(百万円)	230,230	159,957	147,806	173,574	146,769
資本金	(百万円)	182,531	182,531	220,216	220,216	220,216
発行済株式総数	(千株)	483,585	483,585	507,003	507,003	507,003
純資産額	(百万円)	753,180	896,646	1,113,536	1,229,747	1,296,035
総資産額	(百万円)	1,894,557	1,901,105	3,088,810	3,045,652	2,935,917
1株当たり純資産額	(円)	1,644.21	1,957.42	2,197.56	2,426.78	2,557.89
1株当たり配当額 (内1株当たり中間配当額)	(円) (円)	99.00 (45.00)	100.00 (52.00)	106.00 (53.00)	109.00 (54.00)	113.00 (55.00)
1株当たり当期純利益	(円)	502.59	349.19	312.91	342.54	289.66
潜在株式調整後 1株当たり当期純利益	(円)	502.57	349.17	312.87	342.51	289.62
自己資本比率	(%)	39.8	47.2	36.1	40.4	44.1
自己資本利益率	(%)	34.9	19.4	14.7	14.8	11.6
株価収益率	(倍)	8.5	14.3	13.6	13.1	14.2
配当性向	(%)	19.7	28.6	33.9	31.8	39.0
従業員数 (外、平均臨時雇用者数)	(名)	287 (2)	155 (1)	313 (7)	336 (14)	164 (4)
株主総利回り	(%)	78.1	92.7	81.4	87.4	83.1
(比較指標：配当込みTOPIX)	(%)	(84.0)	(99.2)	(106.6)	(120.2)	(117.2)
最高株価	(円)	6,076	5,578	5,200	5,684	5,228
最低株価	(円)	4,023	4,171	3,006	4,120	3,918

(注) 1 従業員数については，関係会社等への出向者を除き，提出会社への出向者を含めた就業人員を記載
しております。
2 最高株価及び最低株価は2022年4月3日以前は東京証券取引所（市場第一部）におけるものであり，
2022年4月4日以降は東京証券取引所（プライム市場）におけるものであります。

2 沿革

設立の経緯

　当社は，旧大日本麦酒株式会社が過度経済力集中排除法の適用を受け，二社に分割されたことに伴い，1949年9月朝日麦酒株式会社として発足いたしました。生産設備として吾妻橋，吹田，西宮，博多の四工場を，主要ブランドとして，アサヒビール，三ツ矢サイダーを継承いたしました。

　なお，上述の旧大日本麦酒株式会社は，1906年3月，大阪麦酒株式会社，日本麦酒株式会社及び札幌麦酒株式会社の3社大合同に端を発しておりますが，そのうちアサヒビールを製造・販売していた大阪麦酒株式会社（＝現在のアサヒビール株式会社吹田工場）は1889年の設立でありますので，2009年に創業120周年を迎えました。

　当社は2011年7月1日をもって純粋持株会社制に移行し，当社の酒類事業を会社分割により当社の100%子会社に承継いたしました。また，当社は同日付で「アサヒビール株式会社」から「アサヒグループホールディングス株式会社」に商号変更するとともに，その事業目的を純粋持株会社制移行後の事業に合わせて変更しております。

年月	主要事項
1949年9月	・朝日麦酒株式会社を発足し，下記事業所を開設 　支店：東京，大阪，九州，広島，四国 　工場：吾妻橋（1985年2月廃止），吹田，西宮（2012年8月廃止），博多
1949年10月	・東京証券取引所上場
1949年11月	・大阪証券取引所上場
1949年12月	・名古屋証券取引所上場
1954年8月	・ニッカウヰスキー株式会社（現連結子会社）に資本参加
1962年5月	・東京大森工場完成（2002年3月製造停止，2002年5月神奈川工場へ拠点移転）
1964年4月	・北海道の現地資本との共同出資により，北海道朝日麦酒株式会社（1994年7月当社と合併）を設立
1966年12月	・柏工場（飲料専用工場）完成
1973年4月	・名古屋工場完成
同	・ワインの販売開始
1979年3月	・福島工場完成
1982年7月	・エビオス薬品工業株式会社を合併

(point) 沿革

　どのように創業したかという経緯から現在までの会社の歴史を年表で知ることができる。過去に行った重要なM&Aなどがいつ行われたのか，ブランド名はいつから使われているのか，いつ頃から海外進出を始めたのか，など確認することができて便利だ。

1988年10月	・アサヒビール飲料製造株式会社 (1996年7月現アサヒ飲料株式会社・連結子会社に合併) 設立
1989年1月	・アサヒビール株式会社に商号変更
1989年12月	・明石工場 (飲料専用工場) 完成
1991年1月	・茨城工場完成
1992年3月	・アサヒビール食品株式会社設立
1994年1月	・杭州西湖啤酒朝日 (股份) 有限公司他へ資本参加, 中国への本格進出開始
1994年3月	・アサヒビール薬品株式会社設立
1994年7月	・北海道アサヒビール株式会社を合併, 北海道支社・北海道工場新設
1995年12月	・伊藤忠商事株式会社と共同で北京啤酒朝日有限公司 (現連結子会社) と煙台啤酒朝日有限公司 (現煙台啤酒青島朝日有限公司・持分法適用会社) の経営権を取得
1996年7月	・飲料事業部門をアサヒビール飲料株式会社 (現アサヒ飲料株式会社・連結子会社) に営業譲渡
1997年9月	・アサヒビール研究開発センター完成
1998年4月	・Asahi Beer U.S.A., Inc. (現連結子会社) 設立
1998年6月	・四国工場完成
1999年7月	・深圳青島啤酒朝日有限公司 (現持分法適用会社) を開業
1999年8月	・アサヒ飲料株式会社東京証券取引所市場第一部に株式を上場
2001年4月	・ニッカウヰスキー株式会社 (現連結子会社) から営業譲受
2002年5月	・神奈川工場完成
2002年7月	・アサヒビール食品株式会社とアサヒビール薬品株式会社を合併し, アサヒフードアンドヘルスケア株式会社を設立
2002年9月	・協和発酵工業株式会社, 旭化成株式会社から酒類事業を譲受
2003年5月	・オリオンビール株式会社において, アサヒスーパードライ他のライセンス生産並びに沖縄県内での販売開始
2003年7月	・名古屋証券取引所上場廃止
2003年9月	・1単元の株式の数を1,000株から100株に変更
2004年4月	・康師傅控股有限公司と飲料事業の合弁会社, 康師傅飲品控股有限公司を設立
2004年5月	・北京啤酒朝日有限公司 (現連結子会社) 新工場 (通称：グリーン北京工場) 竣工
2004年7月	・ヘテ飲料株式会社を連結子会社化
2005年3月	・株式会社サンウエル (2008年9月アサヒフードアンドヘルスケア (株) と合併) の株式を取得
2005年5月	・株式会社エルビー (東京) の株式を取得

 シェア首位奪取の立役者は「スーパードライ」

アサヒの歴史を振り返って, 特筆すべき時期は90年代後半だろう。アサヒは1987年に「アサヒスーパードライ」発売, ビール業界に革命を起こすヒット商品になった。1998年にアサヒは, この「スーパードライ」ブランドを武器にキリンからトップシェアの座を奪い, 2001年には, 国内ビール・発泡酒市場でシェア首位の座を獲得した。

2005年9月	・株式会社エルビー（名古屋）の株式を取得
2006年5月	・和光堂株式会社の株式を取得
2008年4月	・アサヒ飲料株式会社を完全子会社化（東京証券取引所第一部上場廃止）
2008年7月	・天野実業株式会社の株式を取得
2009年4月	・英・キャドバリーグループの所有するオーストラリア飲料事業（Schweppes Holdings Pty Ltd他2社（現連結子会社））を買収
2009年4月	・青島啤酒股份有限公司の発行済株式の19.99％を取得
2011年1月	・株式会社エルビー（東京）が株式会社エルビー（名古屋）を吸収合併
2011年1月	・ヘテ飲料株式会社の株式を譲渡
2011年7月	・純粋持株会社制に移行し，アサヒグループホールディングス株式会社に商号変更 ・当社の酒類事業を会社分割により承継したアサヒグループホールディングス株式会社はアサヒビール株式会社（現連結子会社）に商号変更
2011年8月	・Charlie's Group Limited（Charlie's Trading Company Limitedに合併，2013年5月 The Better Drinks Co Limitedに社名変更）他5社（現連結子会社）の株式を取得
2011年9月	・P&N Beverages Australia Pty. Limited（Asahi Beverages Australia Pty Ltdに社名変更）他1社（現連結子会社）の株式を取得
2011年9月	・Flavoured Beverages Group Holdings Limited（2012年10月 Independent Liquor（NZ）Limitedと合併）他14社（現連結子会社）の株式を取得
2011年9月	・杭州西湖啤酒朝日（股份）有限公司及び浙江西湖啤酒朝日有限公司の出資持分を譲渡
2011年11月	・Permanis Sdn. Bhd.（2016年8月にEtika Beverages Sdn. Bhd.に社名変更）他9社の株式を取得
2012年9月	・PT Asahi Indofood Beverage Makmur 及び PT Indofood Asahi Sukses Beverageを設立
2012年10月	・カルピス株式会社（2016年1月1日アサヒ飲料（株）と合併）他4社の株式を取得
2013年9月	・PT Prima Cahaya Indobeveragesの株式を取得
2014年2月	・Asahi Loi Hein Company Limited（現連結子会社）を設立
2014年6月	・Etika Dairies Sdn. Bhd.（現連結子会社）他15社の株式を取得
2014年12月	・株式会社なだ万他3社（現連結子会社）の株式を取得
2015年3月	・エノテカ株式会社他4社（現連結子会社）の株式を取得
2016年1月	・ドライ飲料事業をアサヒ飲料（株）に集約。カルピス（株）の機能性食品・飼料事業は「アサヒカルピスウエルネス（株）」に移管 ・アサヒフードアンドヘルスケア（株），和光堂（株），天野実業（株）の食品3事業を「アサヒグループ食品（株）」に集約

2016年10月	・SABMiller plc（現社名SABMiller Limited）のイタリア，オランダ，英国事業その他関連資産の取得（子会社化）
2016年12月	・SABMiller plc（現社名SABMiller Limited）の中東欧事業その他関連資産の取得に関する株式売買契約をAnheuser—Busch InBev SA/NVと締結
2017年3月	・SABMiller plc（現社名SABMiller Limited）の中東欧事業その他関連資産の取得（子会社化）
2017年11月	・株式会社エルビーの株式を譲渡
2017年12月	・康師傅飲品控股有限公司の株式を譲渡
2018年3月	・青島啤酒股份有限公司の株式を譲渡
同	・PT Asahi Indofood Beverage Makmur，PT Tirta Sukses Perkasa，PT Indofood Asahi Sukses Beverage，PT Prima Cahaya Indobeveragesの株式を譲渡
2019年4月	・Asahi UK Holdings Ltd（2019年4月29日付で，The Fuller's Beer Company Limitedから商号変更）他3社（現連結子会社）の株式を取得
2020年6月	・CUB Australia Holding Pty Ltd（2020年8月7日付で，ABI Australia Holding Pty Ltdから商号変更）他54社（現連結子会社）の株式を取得
2021年9月	・アサヒグループジャパン株式会社（現連結子会社）を設立
2022年1月	・アサヒグループジャパン株式会社は当社の国内事業の事業管理等に関する事業を会社分割により承継

3 事業の内容

当企業集団（アサヒグループ）は，当社，連結子会社208社及び関連会社25社により構成され，その主な事業内容と，主要な会社の当該事業に係る位置づけは次の通りです。

なお，当年度より，報告セグメントの区分を変更しております。詳細は，「第5経理の状況　1　連結財務諸表等　(1)連結財務諸表　連結財務諸表注記　6事業セグメント」の（報告セグメントの変更に関する事項）をご参照ください。

(1)　日本 ……………………………………………………………………

（酒類，飲料，食品，薬品の製造・販売）

連結子会社であるアサヒグループジャパン（株）はアサヒビール（株）等の日本地域子会社を統括する持株会社であります。

連結子会社であるアサヒビール（株）は全国でビール類，低アルコール飲料等の製造・販売及び焼酎，洋酒，ワイン等の販売を行っております。また，連結子

（point）**事業の内容**

会社の事業がどのようにセグメント分けされているか，そして各セグメントではどのようなビジネスを行っているかなどの説明がある。また最後に事業の系統図が載せてあり，本社，取引先，国内外子会社の製品・サービスや部品の流れが分かる。ただセグメントが多いコングロマリットをすぐに理解するのは簡単ではない。

会社であるニッカウヰスキー（株）は，焼酎，洋酒等の製造を行っており，アサヒビール（株）等へ販売しております。連結子会社であるエノテカ（株）は，ワインの販売を行っております。連結子会社であるアサヒドラフトマーケティング（株）は，酒類販売設備の制作，販売及び保守業務を行い，アサヒビール（株）より業務を受託しております。連結子会社であるアサヒビールモルト（株）は，アサヒビール（株）等の麦芽の受託加工等を行っております。連結子会社である（株）アサヒビールフィードはアサヒビール（株）のモルトフィード（ビール粕）の受託加工等を行っております。

連結子会社であるアサヒ飲料（株）及びカルピス（株）は各種飲料の製造・販売を行っております。

連結子会社であるアサヒグループ食品（株）はベビーフード・菓子・フリーズドライ食品・サプリメント等の製造・販売を行っています。

連結子会社であるアサヒロジ（株）等は，アサヒグループ製品等の運送，物流センターの管理，倉庫業を行っております。連結子会社であるアサヒユウアス（株）は，サステナブルプロダクツの開発・販売を行っております。連結子会社であるアサヒフードクリエイト（株）及び（株）なだ万は，ビヤホール，レストラン等の経営を行っております。

（2）　欧州 ··

（酒類の製造・販売）

連結子会社であるAsahi Europe & International LtdはPlzeňský Prazdroj, a.s.等の欧州地域子会社を統括する持株会社であります。

連結子会社であるPlzeňský Prazdroj, a.s., Plzeňský Prazdroj Slovensko, a.s., Kompania Piwowarska S.A., Ursus Breweries SA, Dreher Sörgyárak Zrt.は中東欧にて，Birra Peroni S.r.l., Koninklijke Grolsch N.V.等は西欧にてビールの製造・販売を行っております。

（3）　オセアニア ··

（酒類，飲料の製造・販売）

---

point **中国で知名度の高い青島ビールに出資**

アサヒは，1994年から中国に進出しているが，中国ビール市場で第2位の生産能力を持つ青島ビールに約20％出資している。青島ビールは100年の歴史と高いブランド認知度が強みだ。中国の堅調なGDP成長見込みや1人当たりビール消費量の成長余地などを見れば，当面は，さらに期待できるかもしれない。

連結子会社である Asahi Holdings（Australia）Pty Ltd は Asahi Beverages Pty Ltd 等のオセアニア地域子会社を統括する持株会社であります。

　連結子会社である CUB Pty Ltd はオーストラリアにて，Asahi Beverages（NZ）Limited はニュージーランドにて酒類の製造・販売を行っております。連結子会社である Asahi Beverages Pty Ltd はオーストラリアにて飲料の製造・販売を行っております。

（4）　東南アジア

（飲料の製造・販売）

　連結子会社である Asahi Holdings Southeast Asia Sdn. Bhd. は Etika Beverages Sdn. Bhd. 等の東南アジア地域子会社を統括する持株会社であります。

　連結子会社である Etika Beverages Sdn. Bhd. はマレーシアにて飲料の製造・販売を行っております。連結子会社である Etika Dairies Sdn. Bhd. はマレーシアを中心とした東南アジアにて乳製品の製造・販売を行っております。

（5）　その他

（飼料事業他）

　連結子会社であるアサヒクオリティーアンドイノベーションズ（株）はグループの持続的な発展につながる中長期的な研究を行っております。

　連結子会社であるアサヒバイオサイクル（株）はアニマルニュートリション（飼料添加物等），農業・緑化分野におけるバイオスティミュラント（肥料原料），微生物利用の製品・サービスの提供を行っております。

　連結子会社である Asahi Group Beverages & Innovation, LLC は，米国サンフランシスコにて，ビールを中心とした既存事業の基盤を活かした新規領域での成長を目指し，スタートアップ投資ファンド Asahi Group Beverages & Innovation Fund の運営及び米国のスタートアップ企業へのマイノリティ出資等を行っております。

　なお，当社は特定上場会社等であります。特定上場会社等に該当することによ

---

point 普及価格帯中心のニュージーランド市場に課題

ニュージーランドではキリン傘下の4社がメインプレーヤーで，オーストラリア（2社寡占）よりも競争が激しい。ニュージーランドでは普及価格帯製品が約8割を占め，「カールスバーグ」や「スーパードライ」などのプレミアム製品は少ない。このため，普及価格帯での競争力に乏しいアサヒは10％程度のシェアに止まっている。

り，インサイダー取引規制の重要事実の軽微基準については連結ベースの数値に基づいて判断することとなります。

企業集団の状況

事業の系統図及び主要な会社名は次の通りであります。

▌ アサヒグループの主要な連結会社

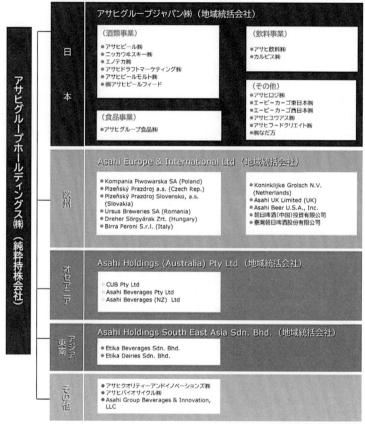

（※） 上記のほかに，国内において，アサヒプロマネジメント㈱（連結子会社）は，アサヒグループジャパンの機能会社として国内グループ関係会社に共通する給与・福利厚生，経理などの間接業務サービスを集約・効率化するシェアード機能を担っております。アサヒビジネスソリューションズ㈱（持分法適用関連会社）は，情報処理の受託業務を行っており，アサヒグループ全体の情報処理業務を行っております。㈱アサヒビールコミュニケーションズ（持分法適用関連会社）は，アサヒビール工場・アサヒ飲料工場の工場見学運営業務全般等を行っております。アサヒグループエンジニアリング㈱（連結子会社）は，製造設備等の建築，設備の新設・更新・メンテナンス等を行っております。

---

4 関係会社の状況

(1) 連結子会社 ·····················

名称	住所	資本金又は出資金（百万円）	主要な事業の内容	所有持分割合（%）	関係内容
アサヒグループジャパン㈱	東京都墨田区	50	日本	100.00	設備の賃貸・・・有役員の兼任等・・・有
アサヒビール㈱ (注) 3、4	東京都墨田区	20,000	日本	100.00(100.00)	設備の賃貸・・・有役員の兼任等・・・有
ニッカウヰスキー㈱	北海道余市町	100	日本	100.00(100.00)	設備の賃貸・・・有
エノテカ㈱	東京都港区	1,761	日本	100.00(100.00)	なし
アサヒ飲料㈱ (注) 3、5	東京都墨田区	11,081	日本	100.00(100.00)	設備の賃貸・・・有役員の兼任等・・・有
カルピス㈱	東京都墨田区	90	日本	100.00(100.00)	設備の賃貸・・・有
アサヒ飲料販売㈱	東京都台東区	100	日本	100.00(100.00)	なし
アサヒグループ食品㈱	東京都墨田区	500	日本	100.00(100.00)	設備の賃貸・・・有役員の兼任等・・・有
アサヒロジ㈱	東京都大田区	80	日本	100.00(100.00)	設備の賃貸・・・有役員の兼任等・・・有
㈱なだ万	東京都千代田区	41	日本	100.00(100.00)	役員の兼任等・・・有
アサヒプロマネジメント㈱	東京都墨田区	50	日本	100.00(100.00)	設備の賃貸・・・有役員の兼任等・・・有
Asahi Europe & International Ltd (注) 3	イギリスサリー州	1,196,492(€9,838百万)	欧州	100.00	役員の兼任等・・・有
Plzeňský Prazdroj, a. s.	チェコピルゼン	9,860(CZK2,000百万)	欧州	100.00(100.00)	なし
朝日啤酒（中国）投資有限公司	中国上海市	9,996(RMB.737,487千)	欧州	100.00	なし
Asahi Holdings (Australia) Pty Ltd (注) 3	オーストラリアヴィクトリア州	1,385,448(AU.$18,926百万)	オセアニア	100.00	役員の兼任等・・・有
CUB Pty Ltd (注) 3、6	オーストラリアヴィクトリア州	289,810(AU.$4,019百万)	オセアニア	100.00(100.00)	なし
Asahi Beverages Pty Ltd (注) 3	オーストラリアヴィクトリア州	28,166(AU.$372百万)	オセアニア	100.00(100.00)	なし
Asahi Beverages (NZ) Limited (注) 3	ニュージーランドオークランド	29,235(NZ.$392百万)	オセアニア	100.00(100.00)	なし
Asahi Holdings Southeast Asia Sdn. Bhd. (注) 3	マレーシアクアラルンプール	51,487(RM.377,010千)	東南アジア	100.00(100.00)	役員の兼任等・・・有
Etika Beverages Sdn. Bhd.	マレーシアクアラルンプール	2,756(RM.112,005千)	東南アジア	100.00(100.00)	なし
Etika Dairies Sdn. Bhd.	マレーシアクアラルンプール	2,887(RM.89,915千)	東南アジア	100.00(100.00)	なし
Asahi Loi Hein Company Limited	ミャンマーヤンゴン	4,723(MMK44,620百万)	東南アジア	51.00(51.00)	役員の兼任等・・・有
アサヒクオリティーアンドイノベーションズ㈱	茨城県守谷市	50	その他	100.00	設備の賃貸・・・有役員の兼任等・・・有
その他185社	–	–	–	–	–

(注) 1 「主要な事業の内容」欄には、セグメントの名称を記載しております。なお、当年度より報告セグメントの区分を変更しております。詳細は、「第5 経理の状況 1 連結財務諸表等 (1)連結財務諸表 連結財務諸表注記 6 事業セグメント」の（報告セグメントの変更に関する事項）をご参照ください。

   2 「所有持分割合」の欄の（ ）内は間接所有割合を内書きで記載しています。

3　特定子会社に該当します。

4　アサヒビール（株）については，売上高（連結会社相互間の内部売上収益を除く）の連結売上収益に占める割合が10%を超えております。

主要な損益情報等（日本基準）

①　売上高　　　　750,265百万円

②　経常利益　　　51,731百万円

③　当期純利益　　14,460百万円

④　純資産　　　 164,045百万円

⑤　総資産　　　 557,430百万円

5　アサヒ飲料（株）については，売上高（連結会社相互間の内部売上収益を除く）の連結売上収益に占める割合が10%を超えております。

主要な損益情報等（日本基準）

①　売上高　　　　331,885百万円

②　経常利益　　　20,479百万円

③　当期純利益　　14,730百万円

④　純資産　　　　80,234百万円

⑤　総資産　　　 231,169百万円

6　CUB Pty Ltdについては，売上高（連結会社相互間の内部売上収益を除く）の連結売上収益に占める割合が10%を超えております。

主要な損益情報等

①　売上収益　　　 343,817百万円

②　税引前当期利益　91,422百万円

③　当期利益　　　　65,727百万円

④　資本合計　　　 432,086百万円

⑤　資産合計　　　 697,086百万円

（2）　持分法適用会社

名称	住所	資本金又は出資金（百万円）	主要な事業の内容	議決権の所有割合（%）	関係内容
㈱アサヒビールコミュニケーションズ	東京都台東区	50	日本	49.00（49.00）	設備の賃貸・・・有
深圳青島啤酒朝日有限公司	中国広東省	3,801（RMB. 248,522千）	欧州	29.00（29.00）	なし
アサヒビジネスソリューションズ㈱	東京都墨田区	110	日本	49.00（49.00）	設備の賃貸・・・有　役員の兼任等・・・有
その他22社	―	―	―	―	―

（注）1　「主要な事業の内容」欄には，セグメントの名称を記載しております。なお，当年度より報告セグメントの区分を変更しております。詳細は，「第5　経理の状況　1　連結財務諸表等　(1)連結財務諸表　連結財務諸表注記　6　事業セグメント」の（報告セグメントの変更に関する事項）をご参照ください。

　　　2　「議決権の所有割合」の欄の（　）内は間接所有割合を内書きで記載しています。

5 従業員の状況

(1) 連結会社の状況 ··

2022年12月31日現在

セグメントの名称	従業員数（名）	
日本	13,211	(4,540)
欧州	10,430	(674)
オセアニア	3,901	(1,097)
東南アジア	1,924	(319)
その他	128	(2)
全社（共通）	326	(13)
合計	29,920	(6,645)

(注) 1 従業員数は就業人員であります。
 2 臨時従業員数は（ ）内に期中平均人員を外数で記載しております。
 3 当年度より報告セグメントの区分を変更しております。詳細は、「第5 経理の状況 1 連結財務諸表等 (1)連結財務諸表 連結財務諸表注記 6 事業セグメント」の（報告セグメントの変更に関する事項）をご参照ください。

(2) 提出会社の状況 ··

2022年12月31日現在

従業員数（名）		平均年齢（歳）	平均勤続年数（年）	平均年間給与（円）
164	(4)	41.3	11.9	12,297,579

(注) 1 従業員数は就業人員であります。なお、上記に含まれる提出会社への出向者は、143名であります。
 2 臨時従業員数は（ ）内に期中平均人員を外数で記載しております。
 3 平均年間給与は、賞与及び基準外賃金を含んでおります。
 4 当社は純粋持株会社であるため、セグメント別の従業員数は記載しておりません。
 5 2022年1月1日付で、当社国内事業の事業管理等に関する事業をアサヒグループジャパン株式会社に吸収分割により承継させたことに伴い、従業員数が前期末比で大きく減少しております。

(3) 労働組合の状況 ··

一部の子会社には労働組合が組織されております。

なお、労使関係については、特記すべき事項はありません。

(point) 関係会社の状況

主に子会社のリストであり、事業内容や親会社との関係についての説明がされている。特に製造業の場合などは子会社の数が多く、すべてを把握することは難しいが、重要な役割を担っている子会社も多くある。有報の他の項目では一度も触れられていない場合が多いので、気になる会社については個別に調べておくことが望ましい。

事業の状況

　文中には，中期経営方針等に関する様々な業績予想及び目標数値，並びにその他の将来に関する情報が開示されています。これらの業績予想及び目標数値，並びにその他の将来に関する情報は，将来の事象についての現時点における仮定及び予想，並びにアサヒグループが現在入手可能な情報や一定の前提に基づいているため，今後様々な要因により変化を余儀なくされるものであり，これらの予想や目標の達成及び将来の業績を保証するものではありません。

（1）　経営の基本方針

　アサヒグループは，純粋持株会社であるアサヒグループホールディングス株式会社のもと，日本，欧州，オセアニア，東南アジアを核として主に酒類，飲料，食品事業を展開しています。

　グループ理念「Asahi Group Philosophy（AGP）」に基づき，未来のステークホルダーからも信頼されるグループを目指しています。AGPは，Mission，Vision，Values，Principlesで構成され，グループの使命やありたい姿に加え，受け継がれてきた大切にする価値観とステークホルダーに対する行動指針・約束を掲げています。また，AGPを補完するコーポレートステートメントとして，「Cheer the Future　〜おいしさと楽しさで，未来を元気に〜」を設定し，サステナビリティと経営の統合を推進しています。各RHQ※及び事業会社が，AGPに基づく戦略を策定，実行していくことにより，グループ全体で企業価値の向上に努めています。

※　RHQ：Regional Headquarters（地域統括会社）を指します。

⟮point⟯ **企業買収でビール以外の酒類事業にも進出**

　アサヒは1954年に資本参加したニッカウヰスキーと2006年に合併している。これは，ビールメーカーにとって最も重要である国内のビール消費量が1998年を境に縮小し始めたからだ。ビールメーカーは，主に買収によってビール以外へ酒類事業を拡大してきた。この他，2002年には，協和発酵キリンと旭化成から酒類事業を買収している。

Asahi
Asahi Group Philosophy

Our Mission　社会における使命・存在価値

期待を超えるおいしさ、
楽しい生活文化の
創造

Our Vision　アサヒグループのありたい姿・目指す姿

高付加価値ブランドを核として成長する
"グローカルな価値創造企業"を目指す

Our Values　ミッションを果たし、ビジョンを実現するための価値観

挑戦と革新　　最高の品質　　感動の共有

Our Principles　ステークホルダーへの行動指針・約束

すべてのステークホルダーとの共創による企業価値向上

顧　客：　期待を超える商品・サービスによるお客様満足の追求
社　員：　会社と個人の成長を両立する企業風土の醸成
社　会：　事業を通じた持続可能な社会への貢献
取引先：　双方の価値向上に繋がる共創関係の構築
株　主：　持続的利益成長と株主還元による株式価値の向上

(2)　中長期経営方針

　AGPの実践に向けて,『中長期経営方針』では,長期戦略のコンセプトとして「おいしさと楽しさで"変化するWell-being"に応え,持続可能な社会の実現に貢献する」ことを掲げています。

　目指す事業ポートフォリオを示すとともに,　サステナビリティと経営の統合,DX（デジタル・トランスフォーメーション）やR&D（研究開発）といったコア戦略の一層の強化により,持続的な成長と全てのステークホルダーとの共創による企業価値向上を目指しています。

(point) 中国非炭酸系飲料市場に強み

　カンシーフ飲品は,中国食品・流通大手である頂新グループに属するカンシーフ（康師傳）の子会社であり,主に飲料分野を担う。茶系飲料市場でトップシェアの5割のシェアを持ち,ボトル入り飲料水でもトップシェアの25％程度。また,果汁系飲料はシェア第3位につける。つまり,非炭酸系飲料市場に強みをもつ特長がある。

『中長期経営方針』：長期戦略の概要

＜長期戦略のコンセプト＞

おいしさと楽しさで“変化するWell-being”に応え，持続可能な社会の実現に貢献する

◆**目指す事業ポートフォリオ：ビールを中心とした既存事業の成長と新規領域の拡大**
・既存地域でのプレミアム化とグローバルブランドによる成長、展開エリアの拡大
・健康志向などを捉えた周辺領域での成長、ケイパビリティを活かした新規事業の創出・育成

◆**コア戦略：持続的成長を実現するためのコア戦略の推進**
・サステナビリティと経営の統合による社会・事業のプラスインパクトの創出、社会課題解決
・DX＝BXと捉え、3つの領域（プロセス、組織、ビジネスモデル）でのイノベーションを推進
・R&D（研究開発）機能の強化による既存商品価値の向上・新たな商材や市場の創造

◆**戦略基盤強化：長期戦略を支える経営基盤の強化**
・目指す事業ポートフォリオの構築やコア戦略を遂行するための人的資本の高度化
・グループガバナンスの進化による最適な組織体制構築、ベストプラクティスの共有

■目指す事業ポートフォリオ

　長期戦略における事業ポートフォリオでは，人々のWell-beingの変化に応えていくなかでの「リスクと機会」を捉え，ビールを中心とした既存事業の持続的成長に加えて，その事業基盤を活かした周辺領域や新規事業・サービスの拡大を目指しています。

　既存事業については，各地域においてプレミアムカテゴリーへの重点的な資源配分を行ったほか，最優先ブランドである『アサヒスーパードライ』と『Peroni Nastro Azzurro』を中心に販売促進活動を強化し，5つのグローバルブランド全体で販売数量を前年比8％増加させるなど，着実に成果を創出しました。

　一方，新規領域については，欧州，オセアニアを中心にノンアルコールカテゴリーの販売数量拡大に向けた取り組みを強化したほか，日本において，飲み方の多様性を提案する「スマートドリンキング」を推進するなど，BAC※への投資強化による新市場創出を図りました。また，2022年に米国サンフランシスコに設立した投資運用会社を通じ，将来大きく成長する可能性のある魅力的なブランドや，新たな販売手法・製造手法に繋がるテクノロジーを持った米国のスタートアップ企業へのマイノリティ出資や協業により，新たな成長ドライバーの探索を目指します。

　今後もビールを中心に培ってきたケイパビリティや事業基盤を活かし，BACや

(point) **従業員の状況**

　　主力セグメントや，これまで会社を支えてきたセグメントの人数が多い傾向があるのは当然のことだろう。上場している大企業であれば平均年齢は40歳前後だ。また労働組合の状況にページが割かれている場合がある。その情報を載せている背景として，労働組合の力が強く，人数を削減しにくい企業体質だということを意味している。

新商材・新サービスの領域で成長機会を拡大することで，最適な事業ポートフォリオを構築していきます。

※　BAC：Beer Adjacent Categoriesの略。低アルコール飲料，ノンアルコールビール，成人向け清涼飲料など，ビール隣接カテゴリーを指します。

グローバル5ブランド　　　　　　　　　　　各地域で展開するBAC

■コア戦略　―サステナビリティ戦略―

　「サステナビリティと経営の統合」を実現させるため，サステナビリティに取り組む理由，取り組み方，取り組む内容などを示した「サステナビリティ・ストーリー」を設定しています。この考え方に基づき，グループ一丸となってサステナビリティの推進を強化するとともに，社内外のステークホルダーとのエンゲージメントの向上を進めています。

(point) 業績等の概要

　この項目では今期の売上や営業利益などの業績がどうだったのか，収益が伸びたあるいは減少した理由は何か，そして伸ばすためにどんなことを行ったかということがセグメントごとに分かる。現在，会社がどのようなビジネスを行っているのか最も分かりやすい箇所だと言える。

サステナビリティ・ストーリー

未来に引き継いでいく私たちの価値

私たちは世界各地で100年以上にわたり、自然の恵みと自然の力によって、数々の「期待を超えるおいしさ」を生み出してきた。私たちの提供する商品が人と人をつなぎ、コミュニティをつくり、「楽しい生活文化」に貢献してきたことは、私たちの誇りであり、未来に引き継いでいくべきプラスの価値だと信じている。

未来に向け変革していくこと

私たちのビジネスが環境や社会全体に及ぼす潜在的な影響を管理する必要があると考えている。私たちは、こうした課題に正面から向き合い、サステナビリティを経営の根幹に置き、環境や社会にプラスの価値を生むことで事業の持続的な成長へと変革する。

変革のために取り組むこと

より良い未来のため、脱炭素・水資源の有効活用などによる持続可能な生態系と循環型社会の実現、人と地域のつながりによる強く美しいコミュニティづくり、アルコール起因の害が発生しない飲用機会の創造や社会の仕組みづくりなどを、ステークホルダーと共にアイデアや技術を出し合い、実現に向けて推進していく。

未来への宣言

私たちは、自然・コミュニティ・社会とのより良いつながりを実現し、「期待を超えるおいしさ、楽しい生活文化の創造」に貢献し続けることで、かけがえのない未来を元気にしていく。より良い未来づくりに向かう我々の意志を「Cheer the Future」という言葉に込め、様々なアクションにつなげていく。

また、「重点方針」を定めるとともに、経営課題として取り組む社会課題の領域として5つの「マテリアリティ」とその「取り組みテーマ」を特定し、特に経営資源を配分するものを「重点テーマ」として設定しています。「重点テーマ」における取り組みについては、テーマごとのグループ全体の目標を各RHQの目標・計

(point) **発泡酒の値下げ合戦の顛末**

1995年にサッポロとサントリーが発泡酒を発売。キリンは1998年に発泡酒「淡麗」を発売し、発泡酒を含むビール類全体でトップシェアを維持した。アサヒも2001年に「本生」ブランドで発泡酒市場へ参入した。すると値下げ競争がエスカレートしたが、公正取引委員会からメーカーへ指導が入り、発泡酒においての競争は収まった。

画にも落とし込み，進捗管理を行っています。

重点方針

バリューチェーン全体で人々のサステナブルな生活を実現する

バリューチェーン全体のリスク軽減と機会獲得に取り組み、
商品・サービスで事業インパクトと社会インパクトを生み出す

マテリアリティ、重点・取り組みテーマ

重点テーマ

気候変動への対応

省エネルギー・環境施策を実施し、
事業活動におけるCO_2排出量ゼロ
を目指します

持続可能な容器包装

環境・社会に配慮した容器包装を
推進し、環境負荷低減と循環型社会
構築への貢献を目指します

環境

持続可能な農産物原料

農産物原料を枯渇させずに安定して
確保する仕組みを構築し、「自然の恵み」
を次世代につなげていきます

持続可能な水資源

水使用量の削減や水リスクの把握と排除
などを通じて、「自然の恵み」を次世代に
つなげていきます

健康

健康価値の創造

これまでに培った技術や知見を
活用し、人々の健康に貢献します

コミュニティ

人と人とのつながりの創出による持続可能なコミュニティの実現

人と人とをつなぎ、活力ある
コミュニティの実現を目指します

責任ある飲酒

不適切飲酒の撲滅

不適切飲酒の防止、適正飲酒の啓発
を通じて、アルコール起因の課題が減
少している社会の実現を目指します

新たな飲用機会の創出によるアルコール関連問題の解決

多様な商品や飲み方を提案し、多様性
を受容できる社会の実現を目指します

人権

人権の尊重

人権方針を遵守し、人権リスクの低減を進
め、持続可能な社会の実現を目指します

 ：マテリアリティ

 ：取り組みテーマ

 ：重点テーマ(取り組みテーマのうち、特に経営資源を配分するもの)

気候変動への対応

　地球温暖化による異常気象などの気候変動問題は，「自然の恵み」を享受して事業を行うアサヒグループにとって重要な社会課題です。

　アサヒグループでは，2050年までにCO2排出量ゼロを目指す「アサヒカーボンゼロ」を設定しています。「アサヒカーボンゼロ」の達成に向けて，再生可能エネルギーの導入拡大などCO2排出量削減に向け，2030年までに500億円以上の投資を実施していく予定です。

　2022年は欧州において，電力だけでなく熱への取り組みにも着手し，製造工程において再生可能エネルギーから生成された熱である「グリーン熱」の活用を開始するなど，カーボンニュートラルを目指した取り組みを強化しました。

　今後もグループ全体における再生可能エネルギーの積極的な活用，製造工程の見直しによる省エネ化，バイオメタンガス燃料電池発電システムなど脱炭素につながる新技術の確立に取り組んでいきます。

グローバル目標	**Asahi Carbon Zero** ・ 2050年までに、CO$_2$排出量をScope1,2,3においてゼロとし、カーボンニュートラルを実現する ・ 2030年までに、CO$_2$排出量をScope1,2において70%削減し、Scope3において30%削減する（いずれも2019年比）

---

point **高ブランド力のロングセラー製品重視の戦略**

　アサヒを含めたビール各社はすでに有名なロングセラー製品などを中心にブランド力を強化し，効果的に販売するようにしている。国内の酒類需要は，全体的に減少する傾向にあり，1人当たりの飲酒量は減少している。各ビールメーカーは，ブランド力と付加価値の高い高単価製品などを強化しながら，国内の利益を安定させようとしている。

グリーン熱の供給契約締結

欧州においてエネルギー供給会社と熱供給契約を締結し、再生可能エネルギーから生成されたグリーン熱の利用を開始

グリーン電力を活用した電気トラック

オセアニアの主力ビールブランドである『Victoria Bitter』の配送に電気トラックを活用

■「気候関連財務情報開示タスクフォース（TCFD）」提言への取り組み深化

　アサヒグループは、気候変動によるリスクと機会に関連する事業インパクトの評価及び対応策の立案が、持続可能な社会の実現及び事業の持続可能性に不可欠であると認識し、TCFD提言への賛同を表明しています。

　アサヒグループは、主に酒類カテゴリー、飲料カテゴリー、食品カテゴリーを展開しており、シナリオ分析については、最もインパクトのあるビールカテゴリーの分析から開始し、徐々に分析対象を拡大しながら、精緻化・深化させてきました。3年目となる2021年は、2019年、2020年の分析対象に新たに食品カテゴリーを加え、初めて全カテゴリーでの分析を実施しました。2022年以降も引き続き全3カテゴリーについての分析を精緻化し、深化させています。

事業インパクト評価と対応策（一部抜粋）

　2021年シナリオ分析の結果、①農産物原料の収量減少による原料価格の高騰、②炭素税の導入によるコスト増加、③水リスク（水害など）に関するコスト増加の3点が特に大きな影響を及ぼす可能性があることを認識し、事業インパクト評価を実施して、それぞれ具体的な対応策を導き出しました。

①農産物原料の収量減少による原料価格の高騰	②炭素税の導入によるコスト増加	③水リスク(水害など)に関するコスト増加
コーヒー関連　26.6億円 トウモロコシ　19.7億円 大麦　　　　　4.0億円 （2050年・4℃シナリオ）	◆Scope1、2 　2030年　80.2億円 　2050年　122.3億円 ◆Scope3(容器包装) 　2030年　322.5億円 　2050年　620.1億円	◆生産拠点への操業影響 　固定資産・在庫の毀損 　17.3億円 　操業停止による機会損失 　67.2億円
対応策	**対応策**	**対応策**
・大麦を農家から直接調達 ・ホップ農家支援プロジェクト「FOR HOPS」の取り組み推進 ・原料サプライヤーとの情報共有 ・農産物の第三者認証を得た事業者との取引	・グリーン熱の活用 ・バイオメタンガス燃料電池による発電システムの実証実験 ・PPA(電力購入契約)による再生可能エネルギーの導入拡大 ・電気トラックによる配送	・生産拠点操業リスクへの豪雨対策・設備対策 ・水使用量の削減、水リスクの把握と排除 ・サプライヤーの水リスク調査実施

なお，詳細につきましては，以下の当社ウェブサイトに掲載しています。

WEB　アサヒグループ　TCFDレポート

https://www.asahigroup-holdings.com/ir/pdf/annual/2021_tcfd.pdf

 ## 持続可能な容器包装

　容器包装は商品を提供するうえで品質保持や輸送強度を担保し，デザインや表示によるコミュニケーション手段としての機能のほか，使用段階での使いやすさや原料資源の持続可能性が求められています。一方で，不適切に廃棄されたプラスチック製の容器包装などは，海洋汚染や生態系への影響など喫緊の社会課題となっています。

　アサヒグループは，容器包装の環境負荷低減を取り組むべき重要な課題であると考え，グローバル目標「3R+Innovation」を設定しています。プラスチック使用量の削減やリサイクル素材の利用推進，ラベルレスボトルの拡大展開をするほか，

point 企業買収でオセアニア事業を強化・拡大

　アサヒは2009年4月に英国キャドバリーグループから，豪州の清涼飲料市場において第2位のシュウェップス・オーストラリア社を買収した。シュウェップス・オーストラリア社は，主力カテゴリーである炭酸飲料，スポーツドリンク，果汁系飲料など製造販売している。

再生材やバイオマス素材など環境配慮素材の利活用を進め，環境負荷低減に取り組んでいます。また，容器包装の素材ごとの業界団体との連携，サプライヤーとの技術の共同開発にも取り組んでいます。

　2022年はオセアニアにおいて，競合他社を含む4社の合弁会社において建設したPETリサイクル工場を本格稼働させるなど，業界の垣根を越えてプラスチック容器包装の課題に積極的に取り組みました。

　今後も目標達成に向けたさまざまな取り組みを推進し，「持続可能な容器包装」の実現を目指していきます。

グローバル目標

3R+Innovation

- 2025年までに、プラスチック容器を100%有効利用※1可能な素材とする
- 2030年までに、PETボトルを100%環境配慮素材※2に切り替える
- 環境配慮新素材の開発・プラスチック容器包装を利用しない販売方法を検討する

※1 リユース可能、リサイクル可能、堆肥化可能、熱回収可能など
※2 リサイクル素材、バイオマス素材など

PETリサイクル工場の稼働

オセアニアにおいて、業界の垣根を越えてリサイクルPETの拡大を推進

ラベルレスボトルの拡大展開

日本において、ラベルをなくすことでプラスチックを削減し、環境負荷低減を実現。商品ラインアップや販売チャネルの拡充を予定

コミュニティ

**人と人とのつながりの創出による
持続可能なコミュニティの実現**

　経済発展や社会の変化などにより，地域や共通の価値観に根差した「つながり」が，希薄化する傾向にあります。そのような状況下での新型コロナウイルスの世

界的な影響は，人と人との「つながり」の持つ重要性を浮き彫りにしました。

　長年にわたり地域社会に支えられてきたアサヒグループは，改めて「つながり」を見直して進化させることが重要と考え，マテリアリティ「コミュニティ」の活動スローガンを「RE:CONNECTION」と設定しました。2022年には，アサヒグループの事業活動において重要であり，コミュニティにとっても影響の大きい農産業を未来へつなぐための「持続可能な農産業」を重点活動とし，従業員が地域の社会課題の解決に参画する「コミュニティ支援活動」を基本活動とする戦略を構築し，コミュニティ活動を推進しています。

　また，世界各地のアサヒグループ従業員を対象とした「コミュニティ支援活動」として，地域環境の保全を目的とした "RE:CONNECTION for the EARTH" を実施しました。6月5日の世界環境デーに合わせてグローバルで一斉に，アサヒグループ従業員が地域環境に関わる活動に参画しました。

　今後もアサヒグループは，グループの資源・技術を通じて人と人，人と地域，地域と地域の「つながり」を見直して進化させ，持続可能なコミュニティの実現へ貢献していきます。

グローバル目標	**RE:CONNECTION** 🤝
	【重点活動】持続可能な農産業 ・ ステークホルダーとの「つながり（共創）」による農産物生産者のWell-being向上 【基本活動】コミュニティ支援活動 ・ 従業員が地域の社会課題（食、地域環境、災害支援）の解決に参画し、コミュニティとのつながりを強化する

(point) 生産，受注及び販売の状況

　生産高よりも販売高の金額の方が大きい場合は，作った分よりも売れていることを意味するので，景気が良い，あるいは会社のビジネスがうまくいっていると言えるケースが多い。逆に販売額の方が小さい場合は製品が売れなく，在庫が増えて景気が悪くなっていると言える場合がある。

世界各地で「コミュニティ支援活動」を実施する従業員

RE:CONNECTION
for the EARTH

世界環境デーに合わせてグローバルで一斉に、
アサヒグループ従業員が地域環境に関わる活動に参画

責任ある飲酒

不適切飲酒の撲滅 ／ 新たな飲用機会の創出によるアルコール関連問題の解決

　酒類は日々の暮らしに喜びと潤いをもたらす一方で，不適切な飲酒などによって，個人や家庭，社会にさまざまな問題を起こすこともあります。

　アサヒグループは「酒類を取り扱う企業グループとしての飲酒に関する基本方針」に則り，不適切飲酒を防止するための活動や適正飲酒の啓発にグローバルに取り組み，アルコール起因の課題が減少している社会の実現を目指しています。また，多様な商品や飲み方の選択肢を提案し，多様性を受容できる社会の実現を目指すとともに，ノンアルコール・低アルコール飲料※の販売量構成比の目標を掲げ，基本方針の実現に向けた取り組みを推進しています。

　2022年はオセアニアにおいて，『アサヒスーパードライ3.5%』を発売しました。「ミッドストレングス」と呼ばれるアルコール度数3.5%前後の市場が拡大しており，アルコール度数5%の『アサヒスーパードライ』の特長はそのままに，新たな需要拡大を見込み開発された商品です。また，ノンアルコールビール『Peroni Nastro Azzurro 0.0%』の展開も開始するなど，各地域で飲み方の新たな選択肢の提案を進めました。

　今後もグローバルで酒類を取り扱う企業グループとして，適正飲酒への取り組

ⓟₒᵢₙₜ **対処すべき課題**

　　有報のなかで最も重要であり注目すべき項目。今，事業のなかで何かしら問題があ
　　ればそれに対してどんな対策があるのか，上手くいっている部分をどう伸ばしていくの
　　かなどの重要なヒントを得ることができる。また今後の成長に向けた技術開発の方向
　　性や，新規事業の戦略ついての理解を深めることができる。

みを推進し，酒類文化の発展に貢献するとともに，アサヒグループの知見と技術を結集して新たな革新的な商品を展開し，新たな飲用機会を創出していきます。

※ アルコール度数が3.5％以下の商品。

■「新たな飲用機会の創出によるアルコール関連問題の解決」に関する目標

グローバル目標	・2025年までに，主要な酒類商品に占めるノンアルコール・低アルコール飲料の販売量構成比15％以上を達成する

ノンアルコール・低アルコール飲料

各地域でノンアルコール・低アルコール飲料を積極的に展開し，新たな選択肢を提案

「SUMADORI-BAR SHIBUYA」

アルコール度数 0％，0.5％，3％の商品を展開し，お酒を「飲まない/飲めない」人も楽しめる飲み方の多様性を提案

人権の尊重

新型コロナウイルスや気候変動により，脆弱な立場の人々の人権に対する負の影響がさらに深刻化し，企業の人権尊重への取り組みに注目が高まっています。

アサヒグループは，自らの事業活動によって影響を受ける人々の人権を尊重することを責務として認識し，事業を行ううえで，個人の人権と多様性（ダイバーシティ）を尊重し，差別や，個人の尊厳を損なう行為を行わないこと，強制労働や児童労働を行わないことを「アサヒグループ人権方針」のなかで明示しています。本方針に基づき，人権デューデリジェンスの確立，社員・ビジネスパートナーなどへの人権尊重の教育の徹底，人権侵害の被害者に対する救済の仕組みの構築に取り組んでいます。

---

point サッポロに追随して第三のビール市場に参入

2003年にサッポロが「第三のビール」と呼ばれる新ジャンルを発売した。新ジャンルは，発泡酒よりもさらに酒税が低いのが特徴だ。そのため発泡酒よりも店頭価格が低いが，メーカーの利益は発泡酒より多い。2004年に新ジャンルの市場が急拡大したため，2005年にアサヒとキリンも同市場へ参入した。

直近では，サプライチェーンにおける取り組みとして，主要な原材料品目を対象とした「現代奴隷リスク分析」の結果に基づき，特に深刻度・影響度が大きいエチオピア・タンザニアのコーヒー農園を対象に人権デューデリジェンスを行いました。輸入商社等の協力を得て主要な調達経路を確認した後，調査機関によるデスク・リサーチや関連するステークホルダーへのインタビュー調査を行い，潜在的な人権リスクを特定しました。今後はステークホルダーと協力して人権リスクの低減に向けた具体的な取り組みを検討し，負の影響の防止・軽減を進めていきます。

　人権の尊重を全ての事業活動における基盤とし，事業活動によって影響を受ける人々への人権侵害が生じないように取り組みを推進していきます。

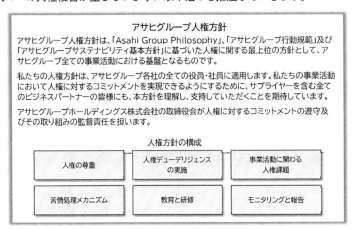

　なお，詳細につきましては，以下の当社ウェブサイトに掲載しています。

WEB 　アサヒグループ人権方針

https://www.asahigroup-holdings.com/company/policy/humanright.html

---

(point) **総合酒類メーカーを目指すも非ビール構成比はまだ低い**

　国内では事業買収などによって総合酒類メーカーを目指すが，アサヒを含めたビール各社ともに国内酒類事業における非ビール事業の構成比は低い。酒類のなかでもビールの売上が大部分であり，清酒や焼酎など他の酒類の割合は小さい。

■コア戦略 ―DX戦略―

アサヒグループのDXは単なるデジタライ
ゼーションではなく，生き残りをかけた経営改
革であると認識しており，DX＝BXと捉え，「ビ
ジネスモデル」「プロセス」「組織」の領域にお
いて，三位一体でイノベーションを推進してい
ます。

① ビジネス イノベーション

「一人ひとりの"Well-being"とサステナビリティが両立される社会をつくる」を
目指す姿とし，事業ポートフォリオの成長領域を支えることのできる新たなビジ
ネスモデルを各地域で創出していく計画です。

取り組みの方向性	1. パーソナライゼーション ・新たな消費者データ、多様化・細分化する顧客ニーズの把握と新しい素材や製法による新ビジネスモデルの開発 2. サステナビリティ ・コミュニティ、不適切飲酒の課題解決	

② プロセス イノベーション

「"グローカル"の価値を最大化し，生産性と柔軟性を両立する仕組みをつくる」
を目指す姿とし，グローカル基盤と柔軟性を持ったシステム基盤の構築により，
生産性を飛躍的に向上させ，環境負荷の目標を達成していく計画です。

取り組みの方向性	1. 生産性を向上するグローカル基盤 ・グローバル調達プラットフォーム ・グローバルデータマネジメント ・環境負荷の予測と見える化 2. 柔軟性を持ったシステム基盤 ・新たなビジネスモデルに対応するEA[※1]構築	

③ 組織 イノベーション

「事業イノベーションを実現する次世代型自律分散組織をつくる」を目指す姿と
し，ビジネスイノベーションとプロセスイノベーションを実現するために人材を
獲得・育成し，組織の機能を強化していく計画です。

 オーストラリアの日本ビール市場で他社を圧倒

豪州におけるビール事業の大半は、「スーパードライ」ブランドであり、プレミアムビー
ルとしての展開。豪州内の日本ビール市場における「スーパードライ」のシェアは高く、
2014年に7割程度へ上昇した模様。レストランなどの業務用チャネルでは、「辛口」
という漢字をデザインしたグラスを使うなどしてブランドを育ててきた。

取り組みの方向性	1.「デジタルネイティブ組織」への変革 ・「データドリブン」[※2]な判断・意思決定 2.インキュベーション[※3]機能の強化 ・新たなビジネス創出の組織基盤を構築 3.アジャイル[※4]型働き方の組み込み 4.上記を実現する人材獲得、外部連携

※1　企業全体のシステムを統一的な手法でモデル化し，業務とシステムの最適化を図る手法。
※2　得られたデータを総合的に分析し，未来予測・意思決定・企画立案などに役立てること。
※3　起業及び事業の創出をサポートするサービス・活動。
※4　ソフトウェアの開発において考え出された，より素早い開発を重視する方法。

■コア戦略　―R&D戦略―

　R&D戦略においては，中長期的な社会環境や競争環境の変化を見据え，メガトレンドからバックキャストで導いた未来シナリオとこれまでの研究で蓄積してきた技術・知見・ノウハウを踏まえ，以下の4つを重点領域として位置付け，新たな価値創造やリスク軽減に向けた商品・技術開発に取り組んでいます。また，海外を含む拠点間での技術シナジーの醸成，異分野とのオープンイノベーション活用による新たな価値創造にも積極的に取り組んでいます。

アルコール関連
変化する価値観に
対応した
新たな価値創造

ヘルス＆ウェルネス
消費者の身体と
心の健康の実現

サステナビリティ
サステナビリティ
実現に向けた環境・
気候変動リスクの軽減

新規事業
新規事業につながる
非凡なシーズの開発

① アルコール関連

　消費者ニーズの多様化や「スマートドリンキング」推進のため，これまで培ってきた酒類と飲料の技術・知見などを活用し，アルコール価値代替，新価値創造の研究，BACの優位性構築に向けた商品・技術開発を中心に研究開発を強化しています。今後，市場ポジションの確立やプレゼンスの向上に加え，アルコール関連事業の持続的な成

変化する価値観に対応した「新たな価値創造」に向け、研究開発を推進

長への貢献を目指します。

　アルコールを飲む人と飲まない人の垣根をなくし，人と人とのつながりを拡大することにより，変化するアルコールを取り巻く新しい環境への対応を図ります。

② ヘルス＆ウェルネス

　身体や心の健康に関する消費者の拡大するニーズに対し，さまざまなタイプのソリューションを提供することで人々の健康的な生活をサポートしています。

　長年培ってきた乳酸菌の研究開発力を活用し，独自性のある機能を有した乳酸菌素材を中心に健康機能に関する研究を強化し，新たな価値提案につなげていきます。

独自性のある機能を有した乳酸菌素材を中心に健康機能に関する研究を強化

　また，果汁などの減糖技術の開発や新たな形態でのサービス開発などを進め，心身ともにより好ましい状態へと行動変容を促す新たな価値提案の強化を目指していきます。

③ サステナビリティ

　環境・エネルギー分野や副産物利用における世界トップ水準の技術の実装を目指すとともに，気候変動に伴う原料コスト影響の最小化を目指し，サステナビリティ戦略の実効性を高めています。

　環境・エネルギー分野では，現在，排水処理から得られるバイオメタンガスを活用し，燃料電池発電システムやCO_2分離回収装置の実証試験を実施しており，早期の実用化を目指しています。また，回収したCO_2の有効利用を志向した食品業界初のメタネーション※実証試験にも取り組んでおり，将来的には，グループの工場で発生したCO_2を燃料や原料として再利用する「カーボンリサイクル」を視野に入れ，研究開発を加速させています。

　副産物利用では，製品の製造工程で発生する廃棄物や副産物について，資源の有効利用や廃棄物の排出量削減を推進するとともに，外部機関との連携を含めて，副産物のアップサイクルなどにも取り組み，資源利用率の向上を目指しています。

※　メタネーション：水素とCO_2から天然ガスの主成分であるメタンを合成する技術。

(point) **インドネシアでは飲料販売経験のない食品会社と合弁**

　インドフードとアサヒは合弁会社を2012年9月に設立。インドフードはインドネシアのサリム・グループの中核であり，即席麺などコンシューマ向け食品大手。水の消費量が圧倒的に多い（市場全体の約8割）ことが，インドネシア清涼飲料市場の最大の特徴。豪州市場より小さいが，成長性が高い点は魅力。同国の飲料市場はグローバル

ビール工場排水由来のバイオメタンガスを
活用した燃料電池発電システム

CO_2の有効利用を志向した
メタネーション装置

④ 新規事業

　中長期的に目指す事業ポートフォリオの
実現に向けて，グループ内外，既存・新規
の技術を組み合わせるほか，新たな技術や
ビジネスモデルの取込みも積極的に検討し，
新規事業の創出につながる非凡なシーズの
開発に取り組んでいます。また，これまで
の技術的な知見や事業基盤を強みとした
シーズの開発を強化しています。

副産物の利活用などによる事業領域拡大
や新たな事業創出に向けた取り組みを推進

　今後，当社グループを取り巻く環境の更
なる変化が想定されるなか，新規事業の開
拓に必要な革新的な外部の技術やこれまでと異なる領域における取り組みを強化
するために，有力なパートナーとの協業にも積極的に注力し，新規技術のソーシ
ングを加速していきます。

■人的資本の高度化

　戦略基盤強化に向けて，「ありたい企業風土の醸成」，「継続的な経営者人材の
育成」及び「必要となるケイパビリティ※の獲得」の3つの取り組みを連携させな
がら，競争優位の源泉となる「人的資本の高度化」の実現を目指しています。

※　戦略を実現するために必要な組織的能力。

　大手と創業一族系の企業が上位を占め，提携相手選びが困難だった。インドフードに
飲料のノウハウはないが，アサヒは同社が食品事業で構築した販路とブランド力に目
をつけ，アサヒの生産・品質管理力とのシナジーを出していくようだ。

①ありたい
企業風土の醸成

人的資本の
高度化

③必要となる
ケイパビリティの獲得

②継続的な
経営者人材の育成

① ありたい企業風土の醸成

　アサヒグループを取り巻く複雑化・多様化するさまざまな課題の解決に向けて，これまでとは異なる多様な経験や発想が不可欠になっています。そうした状況なども踏まえ，2021年に策定した「ピープルステートメント」を基に，"学び，成長し，そして共にやり遂げる"風土醸成の具現化を図っています。

ピープルステートメント

学び、成長し、そして共にやり遂げる
Learning, growing, achieving TOGETHER

 セーフティ＆ウエルビーイング
Safety and Well-being is our biggest priority

 ダイバーシティ、エクイティ＆インクルージョン
Everyone Matters is our core belief

 学習する組織
Growth through Learning individually and collectively

 コラボレーション
Better together : Collaboration fuels our growth

　なお，詳細につきましては，以下の当社ウェブサイトに掲載しています。

`WEB` ピープルステートメント

https://www.asahigroup-holdings.com/company/policy/key_hr_principles.html

　また，従業員一人ひとりが，違いを認め，異なる意見やアイデアを大切にすると同時に，そこから学び，多様性と多文化が共存する組織をより強く，より革新

的にしていくために，「ダイバーシティ，エクイティ＆インクルージョン（DE＆I）ステートメント」を策定し，コアメッセージとして「shine AS YOU ARE」を掲げ，全世界の従業員への浸透を図っています。

「DE＆Iステートメント」のコアメッセージ「shine AS YOU ARE」

私たちは，個性を歓迎し尊重します。
そして，全ての人が職場，家庭，公共の場で，自由に自分らしさを表現することを応援します。
勇気をもって自分の個性を発揮してください。
誰であろうと，どんな状況であろうと，アサヒグループでは幸せ，楽しさ，成功を得る機会が公正にあるのですから。
恐れずに声をあげて自分を表現し，自分らしく自由に輝いてください。

　加えて，2022年1月にはDE&Iの取り組みをグローバルで推進していくための体制として，各RHQのCEOから推薦され，多様なバックグラウンドを持つ従業員をメンバーとした「グローバルDE&Iカウンシル」を設置するなど，ありたい企業風土の醸成に向けた取り組みを加速させています。

② 継続的な経営者人材の育成

　事業環境の変化するスピードがさらに増すことが想定されるなか，中長期的に企業価値を高めるためには，持続的に経営者人材を輩出できる仕組を強化し，経営力の安定的充実を図っていく必要があります。

　将来の経営環境の変化や『中長期経営方針』に基づき，新たな経営者像を定義し，取締役会スキルマトリックスやCEOスキルセットなどの選抜基準を見直すとともに，グループ経営にとって重要なポジションについても検証・特定を進めています。

　また，各RHQを含めて従業員の能力・スキルの評価・分析をおこない，グループ全体の有能な人材の可視化を進め，最適な人材を選抜し，適材適所の配置や人材育成などを通じて，これまで以上に層の厚いリーダー人材のパイプラインを形成していく方針です。

　加えて，人材育成面においても，グループ全体と各地域の両側面から人材育成プログラムの更なる拡充などを進め，中長期にわたって安定した人材を確保でき

⒫ⁱⁿᵗ **事業等のリスク**

　「対処すべき課題」の次に重要な項目。新規参入により長期的に価格競争が激しくなり企業の体力が奪われるようなことがあるため，その事業がどの程度参入障壁が高く安定したビジネスなのかなど考えるきっかけになる。また，規制や法律，訴訟なども企業によっては大きな問題になる可能性があるため，注意深く読む必要がある。

る体制を強化しています。

③ 必要となるケイパビリティの獲得

　人的資本の高度化を実現するためには，現状保有するケイパビリティと必要な
ケイパビリティのギャップを明らかにし，獲得することが不可欠です。『中長期経
営方針』における事業ポートフォリオ戦略，コア戦略及び戦略基盤強化の観点か
ら必要なケイパビリティを整理したうえで，グループ内の適所適材と育成を兼ね
たグループ人材の活用や，外部リソースを利用した専門性に秀でた人材の獲得を
進めています。

　また，人材育成プログラムの拡充やグループ全体での社内公募制度による積極
登用に加え，各RHQとのベストプラクティスの共有などを掛け合わせ，成長戦
略を踏まえた人材パイプラインの強化を図っています。

(3) 目標とする経営指標 ･･･

＜主要指標のガイドライン＞

	3年程度を想定したガイドライン
事業利益	・CAGR（年平均成長率）：一桁台後半※1
EPS（調整後※2）	・CAGR（年平均成長率）：一桁台後半
FCF※3	・年平均2,000億円以上

※1　為替一定ベース
※2　調整後とは，事業ポートフォリオの再構築や減損損失など一時的な特殊要因を除くベース
※3　FCF＝営業CF-投資CF　（M&A等の事業再構築を除く）

＜財務方針のガイドライン＞

	2022年以降のガイドライン
成長投資・債務削減	・FCFは債務削減へ優先的に充当し，成長投資への余力を高める ・Net Debt/EBITDA※1は2024年に3倍程度を目指す 　（劣後債の50%はNet Debtから除いて算出）
株主還元	・配当性向※2 35%程度を目途とした安定的な増配 　（配当性向は2025年までに40%を目指す）

※1　Net Debt/EBITDA（EBITDA純有利子負債倍率）＝（金融債務－現預金）／EBITDA
※2　配当性向は，親会社の所有者に帰属する当期利益から事業ポートフォリオ再構築及び減損損失などに
　　係る一時的な損益（税金費用控除後）を控除して算出しております。

(point) **複合的要因で縮小する国内ビール市場**

　2000年以降，ビール出荷量は毎年数%ずつ減ってきた。このビール人口の減少と成
人一人当たり消費量の減少が大きなリスクだろう。このようなトレンドの背景には，
中高年層を中心とした健康志向の向上から，飲酒量を差し控える傾向が強まっている
点，若年層の飲酒離れ，また飲酒運転者への罰則強化，などの要因が考えられる。

（4） 対処すべき課題 ....

　中長期的な外部環境としては，テクノロジーの発展が人類に新たな技術力と自由な時間を与え，気候変動・資源不足といった地球規模の課題を抱える中，社会・経済だけではなく人類の幸福（Well-being）のあり方も変化していくものと想定されます。

　そうしたメガトレンドを踏まえて更新した『中長期経営方針』に基づき，各地域統括会社は，既存事業の持続的成長に加えて，その事業基盤を活かした周辺領域や新規事業・サービスを拡大していきます。さらに，サステナビリティと経営の統合などコア戦略の一層の強化により，グループ全体で企業価値の向上に努めていきます。

＜地域統括会社の中期重点戦略＞

［日本］

　①　変化を先読みする商品ポートフォリオ最適化とシナジー創出による日本事業のポテンシャル拡大

　②　ニーズの多様化に対応したスマートドリンキングなどの推進，高付加価値型サービスの創造

　③　カーボンニュートラルなど社会課題の事業による解決，日本全体でのサプライチェーン最適化

［欧州］

　①　グローバル5ブランドの拡大と強いローカルブランドを軸としたプレミアム戦略の強化

　②　ノンアルコールビールやクラフトビール，RTDなど高付加価値商品を軸とした成長の加速

　③　再生エネルギーの積極活用や循環可能な容器包装の展開など環境負荷低減施策の推進

［オセアニア］

　①　酒類と飲料を融合したマルチビバレッジ戦略の推進，統合シナジーの創出

　②　BACなど成長領域でのイノベーションの推進，健康・Well-beingカテゴリーの強化

(point) ビール類の税金が高く設定されている日本の酒税

　欧米ではアルコール度数に応じて酒税が課されているのに比べ，日本の酒税の特徴は，政府財源の確保を第一とする観点から，最も消費量の多いビールの税負担率が高く維持され続けている点である。日本の酒税は国税収入の3.1％を占めており，米国の0.9％，ドイツの0.8％，英国の2.6％などに比べて高い。

③ 新容器・包装形態などサステナビリティを重視した新価値提案，SCM改革の推進

［東南アジア］

① マレーシアの持続成長と自社ブランドの強化など，域内6億人超の成長市場での基盤拡大

② 植物由来商品など新セグメントの拡大による最適なプレミアムポートフォリオの構築

③ 環境配慮型容器の展開などによる持続可能性の確保や原材料調達での地域社会との共創

2 事業等のリスク

　有価証券報告書に記載した事業の状況，経理の状況等に関する事項のうち，経営者が連結会社の財政状態，経営成績及びキャッシュ・フローの状況に重要な影響を与える可能性があると認識している主要なリスクは，以下の通りであります。

　なお，文中における将来に関する事項は，当年度末現在においてアサヒグループが判断したものであります。

1．アサヒグループのリスクマネジメント体制 ‥‥‥‥‥‥‥‥‥‥‥‥‥‥‥‥

　アサヒグループは，グループ全体を対象に，エンタープライズリスクマネジメント（ERM）を導入しております。この取り組みの中で，グループ理念「Asahi Group Philosophy」の具現化，並びに「中長期経営方針」の戦略遂行及び目標達成を阻害しうる重大リスクを，戦略，オペレーション，財務，コンプライアンス等全ての領域から特定及び評価し，対応計画を策定，その実行及びモニタリングを継続的に実施することで，効果的かつ効率的にアサヒグループのリスク総量をコントロールします。

　ERMを推進するにあたり，代表取締役社長をはじめとする業務執行取締役及び代表取締役社長が指名する執行役員で構成される，リスクマネジメント委員会を設置しています。ERMはグループ全体を対象とし，リスクマネジメント委員会の委員長である代表取締役社長が実行責任を負います。

　アサヒグループ各社は，事業単位毎にERMを実施し，リスクマネジメント委

員会に取組内容を報告します。同委員会はそれらをモニタリングするとともに，委員自らがグループ全体の重大リスクを特定，評価，対応計画を策定，その実行及びモニタリングを実施します。これらの取り組みは取締役会に報告され，取締役会はこれらをモニタリングすることで，ERMの実効性を確認します。

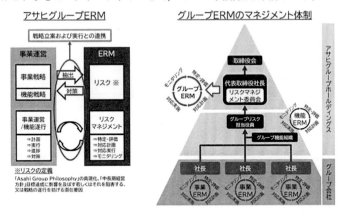

2. アサヒグループ リスクアペタイト

　アサヒグループは，ERMを推進するとともに，「中長期経営方針」の目標達成のために，「とるべきリスク」と「回避すべきリスク」を明確化する，「アサヒグループ リスクアペタイト」を制定しております。

　「アサヒグループ リスクアペタイト」は，アサヒグループのリスクマネジメントに関する「方針」です。ERMの運用指針及び意思決定の際のリスクテイクの指針となるものであり，リスクに対する基本姿勢を示す「リスクアペタイト ステートメント」と，実務的な活用を想定した，事業遂行に大きく影響する主要なリスク領域に対する姿勢（アペタイト）を示す「領域別リスクアペタイト」で構成されます。グループ戦略，リスク文化とリスク状況，及びステークホルダーの期待をもとに検討し，取締役会にて決定，グループ全体に適用され，実施状況はリスクマネジメント委員会でモニタリング，取締役会へ報告されます。本取り組みを通じて，アサヒグループ全体で適切なリスクテイクを促進してまいります。

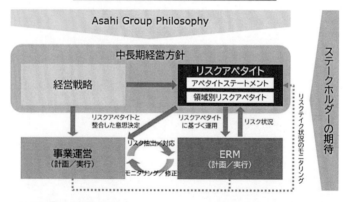

アサヒグループ リスクアペタイト フレームワーク

Asahi Group Philosophy

中長期経営方針

経営戦略 → リスクアペタイト
アペタイトステートメント
領域別リスクアペタイト

リスクアペタイトと
整合した意思決定　　リスクアペタイト
に基づく運用　　リスク状況

事業運営
（計画／実行）
　　リスク抽出・対応
　　モニタリング・修正
ERM
（計画／実行）

リスクテイク状況のモニタリング

ステークホルダーの期待

アサヒグループ　リスクアペタイトステートメント

アサヒグループは、持続的な企業価値向上を実現するため、「Asahi Group Philosophy（AGP）に基づき、「おいしさと楽しさで"変化する Well-being"に応え、持続可能な社会の実現に貢献する」を『中長期経営方針』としています。

その達成に向けて、

● アサヒグループは、国内外での高付加価値ブランドの育成を中心とした持続的成長を実現するとともに、非連続な成長を支える M&A やイノベーションの創出について、財務健全性と株主価値のバランスをとり、リスクをコントロールする取り組みを行いつつ、果敢に挑みます。

● アサヒグループは、事業運営において、お客様に最高品質の商品をお届けすること、及びアサヒグループで働く全ての人々に安全な労働環境を提供することを、最重要課題と位置付けています。

● アサヒグループは、自然環境に影響を与えるリスクを低減する取り組みを進めるとともに、社会により多くの環境価値を創出するための取り組みに挑戦します。

● 「アサヒグループ行動規範」、「アサヒグループ人権方針」を遵守することはもちろん、これらの遵守を妨げうるリスクもとりません。

3. 主要リスク

アサヒグループでは，ERM におけるグループ全体の重大リスクの中でも，人・モノ・カネ・情報等の経営資源遮断の危機があり「即時対応」する領域を「クライシスマネジメント」の対象としております。

クライシスマネジメントの実効性を上げるため，平時から「事前の想定」を行い，クライシス時に混乱なく速やかに対応できるよう「緊急時の即応体制」を構築しております。事前の想定については，経営資源遮断の危機を想定した「リスクシナリオ」を作成し対応を準備しております。

---

point 財政状態，経営成績及びキャッシュ・フローの状況の分析

「事業等の概要」の内容などをこの項目で詳しく説明している場合があるため，この項目も非常に重要。自社が事業を行っている市場は今後も成長するのか，それは世界のどの地域なのか，今社会の流れはどうなっていて，それに対して売上を伸ばすために何をしているのか，収益を左右する費用はなにか，などとても有益な情報が多い。

また，緊急時の即応体制については，クライシス類型に応じた対応主体を予め明確にし，危機発生時の初動における事実確認と重大性の評価を迅速・的確に実施し対応する体制を構築しております。

■リスクマネジメント体系

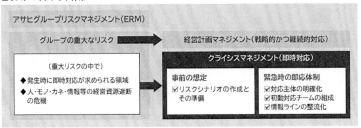

4. 主要リスク

当社グループでは，「1．アサヒグループのリスクマネジメント体制」に記載の通り，当社代表取締役社長をはじめとする業務執行取締役及び執行役員で構成されるリスクマネジメント委員会で，中長期経営方針の事業遂行及び目標達成を阻害しうる特に重大なリスクを特定及び評価し，以下の「(2) 個別戦略リスク」として認識しております。

加えて，それ以外に考えられる当社グループの事業等のリスクについても，「(1) 全体リスク」及び「(3) その他リスク」に記載しております。但し，以下に記載したリスクは当社グループに関する全てのリスクを網羅したものではなく，記載されたリスク以外のリスクも存在します。かかるリスク要因のいずれによっても，投資者の判断に影響を及ぼす可能性があります。

また，前述の，当社グループリスクマネジメントの取り組みの中で，以下に記載する各リスクに対する対応策を含む種々の対応策をとりますが，それらの対策が有効に機能しない等によりリスクが解消できず，当社グループの業績及び財政状態に影響を及ぼす可能性があります。

(1) 全体リスク

1) 中長期経営方針について

当社グループは，持続的 な 成長 と 中長期的 な 企業価値向上 を 目指して

，2019年に「Asahi Group Philosophy（AGP）」を制定し，昨年，それに基づいて，また，その後のグループ内外の環境変化も踏まえて中長期経営方針を更新しました。「1　経営方針，経営環境及び対処すべき課題等」に記載の通り，本方針では，3年程度を想定した主要指標のガイドラインや，財務・キャッシュ・フロー方針を示しておりますが，これらのガイドライン・方針は，策定時に当社グループが入手可能な情報や適切と考えられる一定の前提に基づき，将来の事象に関する仮定及び予想に依拠して策定されたものです。そのため，本「2　事業等のリスク」に記載の各リスク等を含む様々な要因により変更を余儀なくされるものであり，当社グループの事業や業績が中期経営方針内の同ガイドライン・方針等を達成できない可能性があります。

2) 事業環境について

　　当社グループの売上収益において日本の占める割合は約51.8％（2022年12月期決算）となっております。今後の日本国内での景気の動向によって，酒類・飲料・食品の消費量に大きな影響を与える可能性があり，人口の減少，少子高齢化が進んでいくと，酒類・飲料・食品の消費量が減少する可能性があります。また，原材料・エネルギー価格の高騰やインフレの影響などにより，国内での競争環境がさらに激化することで当社売上数量・金額が低下するとともに，コスト構造の悪化を招き，当社グループ事業の収益性が想定より損なわれる可能性があります。

　　日本の売上収益のうち，ビール類は4割を超えます。このような状況は，当社グループのビール類商品に対するお客様の信頼を反映したものであり，当社グループ国内酒類事業での効率的な利益創出に寄与しておりますが，消費者の嗜好性の変化，世代交代等により，お客様の支持を失ってしまうと，本商品群の売上が低下し，当社グループの業績及び財政状態に影響を及ぼす可能性があります。

　　また，当社グループは海外での事業領域を拡大しており，2022年12月期決算での売上収益における欧州，オセアニア，東南アジアの占める割合は，約48.1％となっております。今後，欧州，オセアニア地域を中心とする当社グループが事業を展開する各国における景気の悪化，当該各国での競争環境の激化，

消費者の嗜好の変化等，市場の需要動向が変化すること等により，当該地域における当社グループの売上収益の低下，利益率の悪化が生じる可能性があります。

　当社グループは，中長期経営方針に『ビールを中心とした既存事業の成長と新規領域の拡大』を掲げ，グローバル5ブランド『アサヒスーパードライ』，『Peroni Nastro Azzurro』，『Pilsner Urquell』，『Grolsch』，『Kozel』をはじめとした高付加価値ブランドの価値向上や新市場の創造を目指すとともに，今後の環境変化も見据えた収益構造改革を加速することで，本リスクが顕在化した場合の業績及び財政状態への影響の低減を図っていきます。また，ビール類以外にも酒類全般における商品のラインアップを充実させることで売上収益を増加させるとともに，飲料，食品事業において，消費者の健康志向の高まり及び高齢化社会に対応する領域へ挑戦することで，事業拡大を図っていきます。

　新型コロナウイルス感染症（COVID-19）は，多くの国や地域でワクチン接種の進展や治療薬の承認といった，同ウイルスとの共生に向けた進展が見られる一方で，変異種の断続的感染拡大が続き，今なお予断を許さない状況です。世界全体では，2023年内にも事態が鎮静化するとの見方も示されているものの，当社グループが事業展開する個々の地域において鎮静化が遅れ，ロックダウンや緊急事態宣言が発出される事態に陥った場合には，業務用ビールを中心とした売上低迷により，当社グループの業績及び財政状況に影響を及ぼす可能性があります。

　当社グループは，テクノロジーの発展が，人類に新たな技術力と自由な時間を与え，気候変動・資源不足といった地球規模の課題を抱える中，社会・経済だけではなく人類の幸福（Well-being）のあり方も変化していくものと想定しています。そうしたメガトレンドを踏まえて更新した「おいしさと楽しさで"変化するWell-being"に応え，持続可能な社会の実現に貢献する」という方針のもと，変化しつつあるWell-beingへの迅速な対応，市場環境の変化を先取りした事業戦略の立案と展開，ならびに新たなオペレーティングモデルの構築を通じて，当社グループの戦略及び事業の競争力を強化してまいります。

(2) 個別戦略リスク ···

　当社リスクマネジメント委員会は，中長期経営方針の事業遂行及び目標達成を阻害しうる特に重大なリスクを以下の通り認識しております。その中で，中長期的に顕在化が懸念されるリスクを①，短中期的に顕在化が懸念されるリスクを②，及び継続的に顕在化を留意すべきリスクを③，とそれぞれ分類し記載しました。

① 中長期的に顕在化が懸念されるリスク

1) 事業拡大について

　当社グループは，Schweppes Australia社の買収（2009年，買収額1,185百万豪ドル（適時開示の際に公表した金額，以下同じ）），カルピス社の買収（2012年，買収額920億円），旧SAB Miller社の西欧ビール事業の取得（2016年，買収額2,550百万ユーロ），中東欧ビール事業の取得（2017年，買収額7,300百万ユーロ）及び CUB事業の買収（2020年，買収額160億豪ドル）をはじめとして，国内外での事業領域拡大のため，積極的に外部の経営資源を獲得してきました。2020年6月には，CUB事業を取得する手続きを完了することで，日本，欧州に加え，オセアニア地域での事業を盤石にし，日本，欧州，オセアニアの3極を核としたグローバルプラットフォームを構築，成長基盤の拡大を実現しました。当面は財務基盤の強化を優先し大型の買収を積極的に行う予定はありませんが，今後も，成長のために，外部の経営資源を活用していきます。

　外部の経営資源獲得にあたっては，慎重に検討を行い，一定の社内基準をもとに，将来の当社グループの業績に貢献すると判断した場合のみ実行します。しかしながら，営業，人員，技術及び組織の統合ができずコスト削減等の期待したシナジー効果が創出できなかった場合，アルコールや砂糖の摂取に対する社会の価値観の変化や人口動態の変化等により，買収した事業における製品に対する継続的な需要を維持できない場合，買収した事業における優秀な人材を保持し又は従業員の士気を維持することができない場合，高付加価値ブランドの育成不振等，効果的なブランド及び製品ポートフォリオを構築することができない場合，並びに異なる製品ラインにおける販売及び市場戦略の連携（クロスセルの拡大）ができない場合等により，当社グループの期待する成果が得られない可能性があります。

当社グループは，買収に伴い，相当額ののれん及び無形資産を連結財政状態計算書に計上しており，2022年12月末現在，のれん及び無形資産の金額はそれぞれ，連結総資産の40.7％（19,669億円）及び22.0％（10,609億円）を占めております。

　当社グループは，当該のれん及び無形資産につきまして，それぞれの事業価値及び将来の収益力を適切に反映したものと考えておりますが，事業環境や競合状況の変化等により期待する成果が将来にわたって大きく損なわれると判断された場合，又はカントリーリスクの顕在化による金利高騰や市場縮小等により適用される割引率や長期成長率が大きく変動した場合等は，減損損失が発生し，当社グループの業績及び財政状態に影響を及ぼす可能性があります。

　当社グループは，AGP及び中長期経営方針に基づいた価値創造経営により，事業の持続的成長と中長期的な企業価値向上を目指しており，『ビールを中心とした既存事業の成長と新規領域の拡大』，や『持続的成長を実現するためのコア戦略の推進』とともに，『長期戦略を支える経営基盤の強化』の一環としてグループガバナンスの更なる実効性向上に向けた取り組みを実施することで，グループ戦略の実行と期待成果をより確実なものとします。

2）　アルコール摂取に対する社会の価値観

　アルコールの摂取は人々の生活を豊かにしてきた一方で，その不適切な摂取は健康面あるいは社会的悪影響が指摘されています。世界保健機関（WHO）においては世界的な規模での酒類販売に関する規制が推奨されており，当社グループの予想を上回る規制強化が行われる可能性があります。また，新型コロナウイルス感染症の拡大によって一次的にアルコールの製造販売の禁止や制限を含む行動規制が行われたことでライフスタイルを見直す動きも見られました。現状は元の状況に戻りつつありますが，将来似たような行動規制が重なると，アルコールに対する消費者の需要が縮小する可能性もあります。これらの要因により，規制に対応するための費用支出による利益圧迫や酒類の消費が減少することによる売上収益の縮小，さらにはアルコールを製造・販売する当社グループのレピュテーション及びブランド価値を毀損する等し，その結果，当社グループの業績及び財政状態に影響を及ぼす可能性があります。

（point）**設備投資等の概要**

　セグメントごとの設備投資額を公開している。多くの企業にとって設備投資は競争力向上・維持のために必要不可欠だ。企業は売上の数％など一定の水準を設定して毎年設備への投資を行う。半導体などのテクノロジー関連企業は装置産業であり，技術発展がスピードが速いため，常に多額の設備投資を行う宿命にある。

当社グループは，アルコール飲料を製造・販売する企業としての社会的責任を果たすため，WHOが2022年5月に新たに採択したグローバルアルコールアクションプラン2022－2030の中で掲げたグローバル目標「有害なアルコール使用20％削減」の達成に貢献する戦略の方向性を経営の中で議論してきました。今後は地域ごとに具体的なアクションプランの策定に取り組んで行きます。これまでも，責任ある飲酒の取り組み促進のためにグループスローガン「Responsible Drinking Ambassador」を打ち出し，不適切な飲酒の撲滅に向けた活動を強化するとともに，社員に対する「責任ある飲酒」の研修の取り組みを推進してきましたが，今後更に社会インパクトを創出する取り組みを強化していきます。更に，新しい飲用機会の創出に向けた取り組みとして，2025年までにアサヒグループにおけるノンアルコール・低アルコールの販売構成比を15％にする目標を掲げ，アルコール起因の課題解決にも取り組んでいます。アサヒビール株式会社は2020年に「スマートドリンキング宣言」を発表し，商品ごとの純アルコール量の積極的な開示を開始。多様な飲み方に対応すべく，様々な度数の低アルコール飲料による飲み方提案や，ノンアルコール飲料の強化などを進めています。2022年にはノンアルコールや低アルコール飲料のメニューを100種提供する店舗『SUMADORI-BAR SHIBUYA（スマドリバー シブヤ）』を展開し，飲む人も飲まない人も楽しめる飲食店のカタチを提案しています。

　アルコールの有害な使用の低減による健康被害の予防に更に推進するためには産業界が協力し合って課題解決に取り組むことも重要になります。酒類事業を行う各地の関連法令遵守のほか，IARD※をはじめとする業界団体や他業種の業界と協力・連携して販売や広告に関する自主基準を設け，責任あるマーケティングに取り組んでいます。2020年1月に，IARDに加盟する企業のCEOによる未成年飲酒防止に向けた取り組みを推進する共同声明を公表しました。2021年にはIARDとしてeコマースのプラットフォームなどと共にeコマースにおける世界基準を策定し実践を開始したほか，インフルエンサーマーケティングの世界基準を新たに策定し広告代理店やPR代理店などと共に取り組むことを宣言しました。

※　IARD = International Alliance for Responsible Drinking（責任ある飲酒国際連盟）の略称。不適切な飲
　　酒の撲滅と，責任ある飲酒を促進するという共通の目的のもとに，世界のビール，ワイン，スピリッツ

(point) **主要な設備の状況**

　「設備投資等の概要」では各セグメントの1年間の設備投資金額のみの掲載だが，ここではより詳細に，現在セグメント別，または各子会社が保有している土地，建物，機械装置の金額が合計でどれくらいなのか知ることができる。

の製造業者である大手企業14社の加盟企業で構成される非営利団体。

3) 技術革新による新たなビジネスモデルの出現

　当社グループが国内外で事業を展開する，酒類・飲料・食品業界は，その製造販売に関して，技術革新による競争環境の変化が比較的少ない安定した業界でしたが，最近では，低アルコール飲料，ノンアルコールビールテイスト飲料，成人向け清涼飲料などのビール隣接カテゴリー（BAC：Beer Adjacent Categories）による新たな飲用シーンの提案ができるようになり，最新デジタル技術を活用して"変化するWell-Being"に応えることで新たな価値の提供，AI活用によるサプライチェーンの効率化，あるいはアルコール代替品等，技術革新による新たなビジネスモデルの可能性も示されております。更に，2020年以降世界中へ拡大した新型コロナウイルス感染症の影響により，テレワークの急激な普及や，EC等のオンラインチャネル利用の加速等，それまで将来的に発生すると想定されていた変化が前倒しで出現しています。

　こうした環境変化や新たなビジネスモデルの出現により，当社グループ事業がコスト構造や顧客体験で劣後し，業界での主導権喪失や競争力の低下につながり，売上収益，事業利益の低下等，当社グループ業績に影響を及ぼす可能性があります。その一方で，当社グループがこのようなイノベーションを先導することによって，市場優位性獲得や，新規市場創出につなげることが期待できます。

　当社グループは，このような状況に対して，単なるリスク対応に留まることなく技術革新を先取りすることを目指して，中長期経営方針において「DX＝BX※と捉え，3つの領域（プロセス，組織，ビジネスモデル）でのイノベーションを推進」及び「R&D（研究開発）機能の強化による既存商品価値の向上・新たな商材や市場の創造」を掲げ，領域を特定した戦略的DX及びR&D投資を推進していきます。

　DX領域においては，グローバル調達プラットフォーム，グローバルデータマネジメント，環境負荷の予測と見える化といった生産性を向上するグローカル基盤を構築するとともに，新たな消費者データ，多様化・細分化する顧客ニーズの把握と新しい素材や製法による新ビジネスモデルの開発，及びこれらのイノベーションを実現するためのデジタルネイティブ組織への変革，インキュベー

(point) **設備の新設，除却等の計画**

　ここでは今後，会社がどの程度の設備投資を計画しているか知ることができる。毎期どれくらいの設備投資を行っているか確認すると，技術等での競争力維持に積極的な姿勢かどうか，どのセグメントを重要視しているか分かる。また景気が悪化したときは設備投資額を減らす傾向にある。

ション機能の強化，アジャイル型働き方の組み込みを推進します。

　R&Dにおいては，中長期的な社会環境や競争環境の変化を見据え，メガトレンドからバックキャストで導いた未来シナリオとこれまでの研究で蓄積してきた技術・知見・ノウハウを踏まえ，変化するアルコールに関する価値観に対応した新たな価値創造，消費者の身体と心の健康の実現，サステナビリティ実現に向けた環境・気候変動リスクの軽減，及び新規事業につながる非凡なシーズの開発を重点領域と位置づけ，新たな価値創造やリスク軽減に向けた商品・技術開発への投資を推進します。

　また，米国サンフランシスコに投資運用会社を設立し，スタートアップ投資ファンドの運営を2023年1月から開始しました。本投資ファンドは，低アルコール飲料やノンアルコールビールテイスト飲料，成人向け清涼飲料など，将来大きく成長する可能性のある魅力的なブランドや，新たな販売手法や製造手法に繋がるテクノロジーを持った米国のスタートアップ企業にマイノリティ出資を行い，当社グループの市場優位性獲得や，新規市場創出につながるイノベーションに貢献することを期待します。

※　DX＝BX：デジタル・トランスフォーメーション ＝ ビジネス・トランスフォーメーション

4）　気候変動に関わるリスク

　地球温暖化により，これまで経験したことのない気候の変化や熱波による干ばつ，台風や豪雨による洪水など異常気象が世界各地で発生し，生命や財産に大きな被害をもたらしています。この気候変動問題は，「自然の恵み」を享受して事業を行うアサヒグループにとってきわめて重要な環境課題です。

　当社グループは，「アサヒグループ環境ビジョン2050」の中で，「Beyondカーボンニュートラル」を2050年の世界のあるべき姿として掲げています。脱炭素社会に向けて，事業の枠を超えた社会全体におけるカーボン排出量が削減され，生物多様性が保全された世界を目指すため，バリューチェーンのCO_2削減と生態系の保全の両立，CO_2の排出量削減・吸収・回収の技術開発・展開などに取り組んでいきます。

　将来的な気候変動が業績及び財政状態に重大な影響を与える可能性がある物理リスクとして，以下の通り認識しています。海外の生産拠点における干ばつが深刻化し，水需給が逼迫，水価格の高騰による操業コストが上昇する可能性

(point) **株式の総数等**

発行可能株式総数とは，会社が発行することができる株式の総数のことを指す。役員会では，株主総会の了承を得ないで，必要に応じてその株数まで，株を発行することができる。敵対的TOBでは，経営陣が，自社をサポートしてくれる側に，新株を第三者割り当てで発行して，買収を防止することがある。

があります。気温上昇（生育環境や労働環境の変化）・天候・自然災害・CO2濃度等が需給バランスや品質に影響し，主要な原材料価格が変動する可能性があります。更に，必要な水資源が確保できない場合，操業停止による機会損失と工場移転費用が発生する可能性があります。異常気象の激甚化により，深刻な風水害及び土砂災害が発生することで生産ラインや物流が停止し，設備被害や機会損失，製品廃棄による損失が発生する可能性があります。

また，将来的な気候変動を見据えた脱炭素社会への移行リスクを以下の通り認識しています。炭素税が導入され，特にPETボトル等の製品原材料への価格転嫁や生産拠点の操業コストが上昇する可能性があります。水ストレスの高い地域の生産拠点において取水制限を受けて操業が停止，機会損失が発生する可能性があります。エシカル志向の高まりにより，環境配慮が不十分な製品があった場合，その需要が低下し，当社グループの売上に影響を与える可能性があります。

当社グループは2050年のCO2排出量ゼロを目指す中長期目標「アサヒカーボンゼロ」の達成に向けて，2030年にScope1,2において70%削減，Scope3※において30%削減（ともに2019年比）を目標としています。さらに，Scope1,2については2025年までに40%削減する中間目標を新たに設定するとともに，使用電力の100%再生可能エネルギー化を目指すRE100の目標年を2050年から2040年へ上方修正し，今後更なる省エネルギー化や再生可能エネルギーの活用を推進していきます。また，グループ全体で水使用量削減に向けた取り組みを進めて，水リスクに対応していきます。

将来的な気候変動リスクに関連する経営のレジリエンスと持続性を高めるために，「気候関連財務情報開示タスクフォース（TCFD：Task Force on Climate-related Financial Disclosures）」の提言への対応を行っています。シナリオ分析によって明確化された重要なリスクと機会に対してそれぞれの対策を講じ，リスクの低減と機会の確実な獲得につなげていきます。特に，炭素税による生産コストなどへの影響を軽減するため，「アサヒカーボンゼロ」に基づくCO2排出量削減施策として，2030年までに500億円以上を投資していきます。

---

point **連結財務諸表等**

ここでは主に財務諸表の作成方法についての説明が書かれている。企業は大蔵省が定めた規則に従って財務諸表を作るよう義務付けられている。また金融商品法に従い，作成した財務諸表がどの監査法人によって監査を受けているかも明記されている。

5）プラスチック使用

　　近年，廃棄プラスチックの規制強化の動きが加速しています。同時に，プラスチックを大量に使用する製品に対する社会の目は厳しくなってきており，容器包装をプラスチック素材に依存している当社グループの飲料・食品製品の需要が著しく低下し，売上に影響を与えるだけでなく，対応不十分とのことで，当社グループに対するレピュテーションが低下する可能性があります。また，リサイクル費用の負担が増加することや，バイオマス素材等の代替素材を使用した場合の材料費が増加すること等で，製造原価が増嵩する可能性があります。

　　当社グループは，「アサヒグループ環境ビジョン2050」の中で，「容器包装廃棄物のない社会」を2050年の世界のあるべき姿として掲げています。容器包装の中でも海洋汚染や生態系への影響が世界的に喫緊の課題となっている海洋プラスチック問題への対応については，2020年，グループの戦略 の方向性として「3R＋ Innovation」を定め，2022年に目標を上方修正してグローバル統一の新たな目標として2030年までにPETボトルを100％環境配慮素材に切り替えることを設定しました。それに基づき，グループ各社において様々な取り組みを進めています。

　　国内では，アサヒ飲料株式会社がリサイクルPET・環境配慮素材の使用，リデュースの推進，環境への配慮を前提とした新容器開発等に関する目標「容器包装2030」の達成に向けた取り組みを進めています。更なる「ラベルレスボトル」製品の拡大やリサイクル素材活用拡大のために「ボトルtoボトル」の水平リサイクルを進めています。後者の取り組みとして，再生事業者である株式会社JEPLANへの融資を行い，アサヒ飲料販売株式会社が管理・運営する首都圏エリア約3万台の自動販売機から使用済みPETボトルを回収，ケミカルリサイクルPET樹脂に再生させ，当社商品に再利用する循環システムを構築し，水平リサイクルを進めています。2022年4月から，一部の大型ペットボトル（「三ツ矢」「カルピス」「アサヒ 十六茶」「アサヒ おいしい水」「バヤリース」）でこのリサイクルPET樹脂を使用することにより，年間のCO2排出量は従来比で

約47％削減され，約18,400tのCO2が削減される見込みです。また，業界の枠を超えた連携体制により使用済のプラスチックを再資源化する会社に共同出資を行い，中長期的なPET調達に向けた取り組みも強化しています。

海外では，オーストラリアの子会社Asahi Beverages Pty Ltdが，業界の枠を超えたパートナーシップ構築を通じて，PETボトルのリサイクルを推進しています。リサイクル大手企業や容器メーカーと合弁会社を設立し，2022年にはニューサウスウェールズ州でリサイクルPET樹脂の更なる生産と供給のための工場を稼働しました。さらにビクトリア州で2拠点目のリサイクル工場の建設を進めています。オーストラリアでは既に2019年より水ブランドの「Cool Ridge（クールリッジ）」に100％リサイクルPETボトルを使用しCO2排出量を従来の約半分に削減しました。

当社グループ全体として，プラスチック環境配慮素材の更なる活用を推進してまいります。

② **短中期的に顕在化が懸念されるリスク**

1) **主要原材料の調達リスク**

当社がグローバルに事業展開する酒類・飲料・食品の製造においては，原材料の調達に関し，市況悪化による価格高騰，気候変動や自然災害及びパンデミック等による納期遅延や供給停止に陥るリスクがあります。このようなリスクに直面した場合，製造コストが上昇し，また製造数量が計画を下回ることで，グループの業績及び財政に大きな影響を及ぼす可能性があります。

このようなリスクに対し当社では，原材料毎にヘッジポリシー及びガードレールを定め，原材料商品及び為替市況をつぶさにモニタリングし，状況に応じ複数年での契約締結や，金融商品を活用することで価格高騰リスクを回避し，また必要量の安定確保に努めております。併せて，グローバル各製造拠点で原材料毎に在庫量を定め，安全在庫を確保すると共に，共通する原材料については，スケールメリットを活かした共同調達によりコスト低減に努めております。加えて，グループ間での在庫情報共有による調整機能を活用し，調達困難時でも全製造拠点で十分な在庫量を維持できるよう努めております。

2) **地政学的リスク**

(point) **連結財務諸表**

ここでは貸借対照表（またはバランスシート，BS），損益計算書(PL)，キャッシュフロー計算書の詳細を調べることができる。あまり会計に詳しくない場合は，最低限，損益計算書の売上と営業利益を見ておけばよい。可能ならば，その数字が過去5年，10年の間にどのように変化しているか調べると会社への理解が深まるだろう。

現在，当社グループは20を超える国に拠点を構え，グローバルに事業を展開しております。世界経済全体の動向に加え，当社グループが事業活動を展開する国・地域における政治，経済，社会，法規制，自然等の要素が，各事業に影響を与える可能性があります。

　　さらに，近年は，地政学的な要因が事業に影響を及ぼす可能性を考慮する必要性が高まっていると認識しています。例えば，台湾を巡る緊張の高まり，米国と中国の覇権争い，米中対立構造における日本の対応などの要因により，当社グループが事業を展開する複数の国・地域において，台湾有事，輸出入制限，差別的な措置，商品不買運動，技術の分断，データに関する規制等の具体的なリスクが想定され，同時に，今後の事業の強化やエリアの拡大を進める上でも影響を与える要素となります。地政学的な要因によりこれらのリスクが顕在化した場合には，当社グループの中長期経営方針の実行や業績及び財政状態に影響を及ぼす可能性があります。

　　当社グループは，グループ会社での情報収集や外部コンサルタント起用等通じて，事業展開国・地域のカントリーリスクの調査，情報収集，評価をもとに，リスクを早期に認識し，顕在化する前に具体的かつ適切な対処をする取り組みを継続しております。これに加えて，地政学的な観点での情報収集・分析を強化し，リスクシナリオの策定及びリスクの把握を行い，その影響を低減するための適切な対策を継続的に検討するための運営体制の整備を進めてまいります

3）情報セキュリティ

　　当社グループは，高い市場競争力を確保するため，事業活動の多くをITシステムに依存しており，停電，災害，ソフトウェアや機器の欠陥，あるいはサイバー攻撃によって，事業活動の混乱，機密情報の喪失，個人情報の漏洩，詐欺被害，EU一般データ保護規則（GDPR）等の各国法令違反が発生する可能性があります。

　　このようなリスクが顕在化した場合，事業の中断，損害賠償請求やセキュリティ対策費用の増加等によるキャッシュアウト，GDPR違反による制裁金等により，当社グループの業績及び財政状態，並びに企業ブランド価値に影響を及ぼす可能性があります。

当社グループは，サイバー攻撃リスクの高まりへの対応として2022年10月にグループ全体で遵守すべきサイバーセキュリティの基準文書を制定し，運用の徹底を図っています。当基準に準じて国内・海外グループ会社のサイバー攻撃対策状況を評価し，セキュリティ体制の維持，及び向上に努めており，本件リスクが顕在化しないようにセキュリティの改善に取り組んでいます。また，当基準内でインシデント発生時の報告ルールを明示することでグループ全体でのインシデント情報を集約し，リスク対応の強化を目的とした体制整備も完了しています。

4)　多様で有能な人材の確保

　中長期経営方針に掲げる目標達成のためには，多様な価値観や専門性を持った社員の力が必要不可欠です。そのため，当社グループは，社員の多様性を尊重するとともに，一人ひとりが成長できる人材育成プログラムへの投資を拡大し，必要に応じて，経営幹部，一般社員問わず，外部からの登用も進めています。

　しかしながら，グローバルな事業の拡大に伴う人材需要の増高及び必要スキルの変化や高度化により，多様で有能な経営幹部並びに一般社員を，必要数確保，育成及び定着させることができず，中長期経営方針の戦略を実行し目標を達成する能力を損ねる可能性があります。

　当社グループは，中長期経営方針に「目指す事業ポートフォリオの構築やコア戦略を遂行するための人的資本の高度化」を掲げ，戦略を支える経営基盤を強化するために，ダイバーシティ，エクイティ＆インクルージョンを推進し，エンゲージメントの高い企業風土を醸成しています。エンゲージメントサーベイを実施することで，目指す企業風土の実現度合いを定期的に確認しています。また，計画的に経営者人材を育成するため，グループの経営幹部に共通に求められるコンピテンシーモデルを策定するとともに，将来の経営幹部候補を育成するグローバルリーダーシッププログラムを継続的に実施することで，人材パイプラインの拡充・強化を進めています。また，グループの経営幹部の後継者計画を討議するタレントレビューを実施することで，各地域の人材の可視化や国籍や性別等にとらわれない，グローバルでの適材適所配置を実施し，多様で

有能な人材のグループ内での活用を推進しています。加えて，今後必要となる新たなケイパビリティを獲得するため，社外からの人材登用も積極的に行っています。

③　継続的に顕在化を留意するリスク

1）　大規模自然災害

　　大規模な地震，津波，台風，洪水等の自然災害に関連するリスクは年々高まっており，近年国内外問わず，世界各地で大規模災害が現実のものとなっています。今後も，中長期的に継続するとともに規模の拡大が懸念されております。このような大規模な自然災害の発生により，従業員の被害，工場損壊，設備故障及びユーティリティー（電気，ガス，水）遮断により製造が停止，倉庫損壊及び保管製品破損により出荷が停止，並びに物流機能停止により原材料資材の調達及び製品の出荷が不能になる可能性があります。更に，事務所施設の損壊，交通機関マヒによる従業員の通勤不能，及びシステム障害に伴う重要データの消失等もあわせて，事業活動が停止する可能性があります。事業活動の復旧に長期を要した場合，施設等の改修に多額の費用が発生した場合，消費マインドが落ち込んだ場合等，当社グループの業績及び財政状態に影響を与える可能性があります。

　　当社グループは，大規模災害が発生した際に，いち早く従業員及びその家族の安否を確認する仕組みを導入するとともに，大規模地震を含め災害リスクが高い日本においては，早急に被災地の被害状況を把握するため，衛星携帯電話の配備をはじめとした緊急時通信体制の強化を進めています。そのうえで，定期的な訓練を実施することで，有事の対応力を強化するとともに，災害対応意識の啓発に努めています。

　　また，生産工場では，建物倒壊対策のため，全建物対象に耐震診断を実施しており，対策が必要な物件については，順次計画的に補強工事を実施しています。ボイラー，冷凍機等の大型エネルギー供給設備には大地震（震度5弱相当）を検知すると，安全に自動停止する機能が付属し，大型ビール工場では電力供給が遮断した場合でも，自家発電によりタンクを冷却させることで，半製品の大量腐敗を防止する等2次災害のリスク低減対策を進めています。

また，主要グループ会社において，過去の防災対策の実績及び自然災害の経験を踏まえた「事業継続計画（BCP）」の策定を行い，主要商品の供給を継続するための需給調整機能を早急に復旧する体制を構築するとともに，受発注処理等に関する重要なデータを処理するサーバーセンターのバックアップセンターを設置する等，大規模な自然災害が起こった場合であっても被災地以外での事業活動に支障が無いように備えています。

　なお，大規模な災害等が発生した際には，代表取締役社長を本部長とした「緊急事態対策本部」を設置して対応する危機管理体制を構築しており，平常時のリスクマネジメントにおいて，顕在化した際に即時対応を要するリスクを抽出し，その影響度と必要な対応を想定することで，危機発生時にクライシスマネジメントへ寸断なく移行できるよう準備しています。あわせて，国内を含めた4つのRegional Headquarters（RHQ）体制において，危機の類型に応じてRHQと当社の役割を明確にするとともに，危機発生時の情報ラインの整流化を図り，グローバルなクライシスマネジメント体制の強化も進めています。

　これらの事前対策により災害による被害の最小化，当社グループの業績及び財政状態に対する影響の低減に努めています。

2)　人権尊重に関わるリスク

　格差や貧困の拡大，気候変動等環境問題の深刻化，感染症や紛争の勃発，さらに欧米を中心とした人権尊重に関する法規制強化などを背景に，当社グループにとって人権尊重並びに関連法規制の遵守は特に重要と認識しています。そのため2021-2022年にCEOを始めとする経営層が有識者と人権に関するダイアログを実施し，そのダイアログ内容も踏まえて経営戦略会議で継続的に人権に関する討議を行いました。その中で，人権尊重は全ての事業活動の基盤であり，全社員がいかなる理由があっても人権を尊重し，バリューチェーン全体で人権リスクを低減していくことを確認しました。またこういった社内外の動きに基づいて「人権尊重」の位置づけを変更し，取り組みテーマからマテリアリティに再定義しなおしました。

　具体的な取り組みとしては，2019年に「アサヒグループ人権方針」を制定後，サプライヤーと自社従業員への人権デューデリジェンスと教育，救済へのアク

セスの構築を優先して進めています。サプライヤーについては，国内外事業会社の原材料全一次サプライヤーに対してセルフアセスメント質問表（SAQ）への回答を依頼しました。この結果も踏まえて2021-22年は国内のサプライヤーを対象とし，人権を尊重した労働環境を整えていくための対話等を行い，改善を進めました。また，2021年には現代奴隷リスク分析でハイリスクとの結果が出たエチオピアとタンザニアのコーヒー豆に関わるサプライヤー等を対象とした現地調査やデスク・リサーチを行いました。2022年はブラジルのサトウキビを対象に同様の調査を実施しています。これら調査結果を踏まえて人権リスクを特定・評価し，負の影響の是正や発生予防に取組む予定です。

　自社従業員については，従業員一人ひとりが人権方針を遵守するための人権教育として，国内外全役員・社員に対し，「差別・ハラスメント」をテーマにした人権動画の配信や，世界人権デーに合わせたCEOによる人権メッセージの動画配信，担当役員による人権研修動画の配信等を行いました。また，AHSEA社の主要製造拠点の2工場を対象として，NGOとともに労働環境調査とインタビュー調査を実施しました。労働通知書や契約書への労働条件に関する記載内容の変更，就業規則や注意喚起ステッカー等に外国人労働者に伝わりやすい母国語表記を取り入れる等の指摘がありました。今後，指摘事項について改善を進めていきます。

　救済へのアクセス構築については，2022年に有識者ダイアログを実施し，社内外からの声に対して適切に救済を行うために必要な体制整備の検討を進めています。

3）　法規制とソフトローのコンプライアンス

　当社グループは事業の遂行にあたって，食品衛生法，製造物責任法，労働関連規制，贈収賄規制，競争法，GDPR等の個人情報保護規則，環境関連法規等の様々な法規制の適用を受けています。これらの法令が変更される，又は予期し得ない法律，規制等が新たに導入される等の理由による法令違反や社会規範に反した行動等により，法令による処罰・訴訟の提起・社会的制裁を受け，規制遵守対応のためのコストが増加し，又はお客様をはじめとしたステークホルダーの信頼を失うことにより，レピュテーションやブランド価値が毀損し，

当社グループの業績及び財政状態に影響を与える可能性があります。

　当社グループは，事業活動を行う全ての国・地域において，適用される法令・ルールを遵守することを含め，「Asahi Group Philosophy」で示したステークホルダーに対する5つのPrinciplesに基づき，企業倫理・コンプライアンスを実践するための「アサヒグループ行動規範」を制定し，グループ全体での実践を推進しています。そして，代表取締役社長が委員長を務め，業務執行取締役及び委員長が任命した執行役員で構成される「コンプライアンス委員会」を設置し，グループ全体の企業倫理・コンプライアンスを推進・監督するとともに，「アサヒグループ行動規範」に関する社員の研修等を通じてコンプライアンスのレベルを高め，法令違反や社会規範に反した行為等の発生可能性を低減するよう努めています。

④　個別戦略リスクのヒートマップ

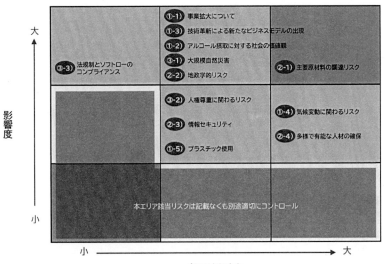

⑤ 個別戦略リスクの経営方針・戦略との関連性

← 方針への当該リスク影響　　→ 当該リスク影響への対応方針

中長期経営方針の概要		日本	欧州	オセアニア	東南アジア
<<長期戦略のコンセプト>>					
おいしさと楽しさで"変化するWell-being"に応え、持続可能な社会の実現に貢献する					
◆ 目指す事業ポートフォリオ:ビールを中心とした既存事業の成長と新規領域の拡大					
・ 既存地域でのプレミアム化とグローバルブランドによる成長、展開エリアの拡大	←	①-1) 事業拡大について			
		①-2) アルコール摂取に対する社会の価値観			
		②-1) 主要原材料の調達リスク			
		②-2) 地政学的リスク			
・ 健康志向などを捉えた周辺領域での成長、ケイパビリティを活かした新規事業の創出・育成	←	①-3) 技術革新による新たなビジネスモデルの出現			
◆ コア戦略:持続的成長を実現するためのコア戦略の推進					
・ サステナビリティと経営の統合による社会・事業のプラスインパクトの創出、社会課題解決	→	①-2) アルコール摂取に対する社会の価値観			
		①-4) 気候変動に関わるリスク			
		①-5) ／ ①-5) プラスチック使用			
		③-2) 人権尊重に関わるリスク			
		③-3) 法規制とソフトローのコンプライアンス			
・ DX=BX(※)と捉え、3つの領域(プロセス、組織、ビジネスモデル)でのイノベーションを推進	→				
・ R&D(研究開発)機能の強化による既存商品価値の向上・新たな商材や市場の創造	→	①-3) 技術革新による新たなビジネスモデルの出現			
◆ 戦略基盤強化:長期戦略を支える経営基盤の強化					
・ 目指す事業ポートフォリオの構築やコア戦略を遂行するための人的資本の高度化	→	②-4) 多様で有能な人材の確保			
		③-2) 人権尊重に関わるリスク			
・ グループガバナンスの進化による最適な組織体制構築、ベストプラクティスの共有	→	①-1) 事業拡大について			
		③-3) 法規制とソフトローのコンプライアンス			
共通インフラ	←	②-3) 情報セキュリティ			
		③-1) 大規模自然災害			

※ DX=BX:デジタル・トランスフォーメーション=ビジネス・トランスフォーメーション

(3) その他のリスク

1) 品質について

　当社グループは、研究開発、調達、生産、物流、販売、お客様とのコミュニケーションに至る全てのプロセスにおいて、お客様の期待を超える商品・サービスを提供することで、お客様の満足を追求することをグループ品質基本方針とし、いずれのグループ会社も品質を通して、お客様との信頼関係を築くことに不断の努力を続けています。お客様の健康に密接に関連する事業を展開しているため、万一、不測の事態により、お客様の健康を脅かす可能性が生じたときは、お客様の安全を最優先に考え、迅速に対応します。

　しかしながら、万一、品質に問題が生じて、商品の安全性に疑義が持たれた場合には、商品の回収や製造の中止を余儀なくされ、その対応に費用や時間を要するだけでなく、お客様からの信頼を失う可能性があります。このような事象が発生した場合、中長期経営方針に掲げた「既存地域でのプレミアム化とグローバルブランドによる成長、展開エリアの拡大」の未達を含む、当社グループの業績及び財政状態、並びにレピュテーション及びブランド価値に対して影

響を及ぼす可能性があります。

　当社グループは，品質リスク低減を目的とした品質保証レベル向上の取り組みとして，サプライチェーンの全てのプロセスにおいて，品質に影響を与える業務や注意すべき事項を抽出し，その点検と是正による改善のPDCAサイクルをグローバル共通の仕組みとして展開しています。

　また，食の安全に関わる分野においては，研究開発部門を中心に微生物・農薬・カビ毒・重金属・樹脂・放射性物質等多岐にわたる最新の分析技術を開発しており，グループ内の連携によりグローバルでの品質保証活動を展開する体制・仕組みを通じて，技術面からグループ全体をサポートしています。

　さらに，各グループ会社の商品特性や製造工場の環境に応じて，国際的な品質・食品安全マネジメントシステムの考え方を取り入れ，必要に応じて外部認証取得しています。

2)　財務リスク

　　為替変動　　　：当社グループはグローバルに事業を展開しているため為替リスクを負っています。このうち，海外子会社及び関連会社における資産や負債については円高が進行すると在外営業活動体の換算差額を通じて自己資本が減少するリスクがあります。このため，必要に応じて為替リスクのヘッジをする等の施策を実行していますが，完全にリスクが回避できるわけではありません。また，海外連結子会社等の損益の連結純利益に占める割合が比較的高く，これらの収益の多くが外貨建てであり，当社の報告通貨が円であることから，外国通貨に対して円高が進むと，連結純利益にマイナスのインパクトを与えます。

　　　　　　　　　　一方，本国で行う輸出入，及び外国間等の貿易取引から発生する，外貨建債権及び債務等は為替レートの変動によるリスクを有しておりますが，このリスクは為替予約等と相殺されるため影響は限定されます。

　　金利変動　　　：当社グループは銀行預金や国債等の金融資産及び銀行借

入金や社債，リース負債等の負債を保有しております。
これらの資産及び負債に係る金利の変動は受取利息及び
支払利息の増減，あるいは金融資産及び金融負債の価値
に影響を与え，当社グループの業績及び財政状態に影響
を及ぼす可能性があります。当社グループは，金利リス
クを回避する目的で，金利を実質的に固定化する金利ス
ワップを利用しております。またヘッジ会計の要件を満
たす取引については，ヘッジ会計を適用しております。

格付低下　　　　　：当社グループに対する外部格付機関による格付が引き
下げとなり，当社グループの資本・資金調達の取引条件
の悪化，もしくは取引そのものが制限される場合には，
当社グループの業務運営や業績及び財政状態に影響を及
ぼす可能性があります。

保有資産の価格変動：当社グループが保有する土地や有価証券等の資産価値の
下落や事業環境の変化等があった場合，当社グループの
業績及び財政状態に影響を及ぼす可能性があります。

3）　税務リスク

　　当社グループはグローバルに事業を展開しており，本国をはじめとする，各
国の税制による適用を受けており，予期し得ない改正や税務当局からの更正処
分を受けた場合，大幅なコストの増加，競争環境の悪化，事業活動の制限等が
懸念され，当社グループの業績及び財政状態に影響を及ぼす可能性があります。

4）　訴訟リスク

　　当社グループは，事業を遂行していくうえで，訴訟を提起される可能性があ
ります。万一当社グループが訴訟を提起された場合，また訴訟の結果によって
は，当社グループの業績及び財政状態に影響を及ぼす可能性があります。

3 経営者による財政状態，経営成績及びキャッシュ・フローの状況の分析

（業績等の概要）

(1) 業績 ··

　当期における世界経済は，米国や欧州を中心として景気の回復が見られましたが，ウクライナ情勢の悪化に伴う原材料価格やエネルギー価格の高騰により物価上昇圧力が高まったことや，インフレ抑制に向けた政策金利の引き上げなどにより，先行きが不透明な状況となりました。日本経済においても，原材料価格の上昇などによる影響を受けましたが，新型コロナウイルス感染症の規制緩和や世界経済の回復などにより，景気は持ち直しの動きが見られました。

　こうした状況のなかアサヒグループは，グループ理念"Asahi Group Philosophy"の実践に向けて，メガトレンドからのバックキャストにより，これまでの中期経営方針を，長期戦略を含む『中長期経営方針』として更新しました。この『中長期経営方針』では，長期戦略のコンセプトとして「おいしさと楽しさで"変化するWell-being"に応え，持続可能な社会の実現に貢献する」ことを掲げ，事業ポートフォリオでは，ビールを中心とした既存事業の持続的な成長に加えて，その事業基盤を活かした周辺領域や新規事業・サービスの拡大に取り組みました。また，サステナビリティと経営の統合，DX（デジタル・トランスフォーメーション）やR&D（研究開発）といったコア戦略の一層の強化により，持続的な成長と全てのステークホルダーとの共創による企業価値向上を目指した取り組みを推進しました。

　さらに，当期は原材料価格の上昇などによる影響を大きく受けましたが，各地域において，適切な価格戦略やコストマネジメントの強化など，事業環境の変化に柔軟に対応する経営を実践することにより，グループトータルで業績の安定化を図りました。

　その結果，アサヒグループの売上収益は，2兆5,111億8百万円（前期比12.3%増）となりました。また，利益につきましては，事業利益※1は2,438億1千7百万円（前期比11.9%増），営業利益は2,170億4千8百万円（前期比2.4%増），親会社の所有者に帰属する当期利益は，法人所得税費用の増加により1,515億5千5百万円（前期比1.3%減），調整後親会社の所有者に帰属する当期利益※2は1,654億3千万円（前期比7.0%増）となりました。

なお，為替変動による影響を除くと，売上収益は前期比8.0％の増収，事業利益は前期比5.9％の増益となりました。※3

※1　事業利益とは，売上収益から売上原価並びに販売費及び一般管理費を控除した，恒常的な事業の業績を測る当社独自の利益指標です。
※2　調整後親会社の所有者に帰属する当期利益は，親会社の所有者に帰属する当期利益から事業ポートフォリオ再構築及び減損損失など一時的な特殊要因を控除したものであります。
※3　2022年の外貨金額を，2021年の為替レートで円換算して比較しています。

アサヒグループの実績　（単位：百万円）

	実績	前期比
売　上　収　益	2,511,108	12.3％
事　業　利　益	243,817	11.9％
営　業　利　益	217,048	2.4％
親会社の所有者に帰属する当期利益	151,555	△1.3％
調整後親会社の所有者に帰属する当期利益	165,430	7.0％

　当年度の財政状態の状況は，連結総資産は前年度末と比較して2,825億9千5百万円増加し，4兆8,303億4千4百万円，負債は前年度末と比較して212億1百万円減少し，2兆7,673億9千9百万円となりました。また，資本は前年度末に比べ3,037億9千6百万円増加し，2兆629億4千5百万円となりました。

　セグメントの業績は次の通りです。各セグメントの売上収益はセグメント間の内部売上収益を含んでおります。

　当社グループの報告セグメントは，前年度まで「酒類事業」，「飲料事業」，「食品事業」，「国際事業」としておりましたが，当年度より，「日本」，「欧州」，「オセアニア」，「東南アジア」に変更しております。

　以下の前期比較は前期の数値を変更後のセグメント区分に組み替えた数値で比較しております。

事業セグメント別の実績

	売上収益	前期比	為替一定	事業利益	前期比	為替一定	売上収益事業利益率	営業利益	前期比
日本	1,301,731	6.8%	6.8%	108,913	5.3%	5.3%	8.4%	96,417	△19.4%
欧州	573,875	21.0%	13.5%	76,005	0.7%	△6.3%	13.2%	55,163	19.8%
オセアニア	583,167	16.6%	5.6%	107,095	29.0%	16.7%	18.4%	80,177	28.2%
東南アジア	51,680	21.1%	6.8%	572	39.9%	27.6%	1.1%	633	－
その他	8,764	47.0%	44.0%	1,407	13.4%	11.7%	16.1%	1,257	△45.5%
調整額計	△8,110	－	－	△16,575	－	－	－	△16,599	－
無形資産償却費	－	－	－	△33,601	－	－	－	－	－
合計	2,511,108	12.3%	8.0%	243,817	11.9%	5.9%	9.7%	217,048	2.4%

※営業利益における無形資産償却費は各事業に配賦しています。

［日本］

　日本においては，酒類，飲料，食品事業の「強み」のあるブランドに経営資源を投下するとともに，新たな価値提案などを通じて各事業のブランド価値向上を図りました。また，日本全体での事業の枠を超えたシナジー創出のためのSCMの最適化やサステナビリティへの取り組みの推進などにより，持続的な成長基盤を強化しました。

　酒類事業では，ビールにおいては，『アサヒスーパードライ』を1987年の発売以降初めてフルリニューアルするとともに，『アサヒスーパードライ 生ジョッキ缶』を通年販売するなど，ユーザー層の拡大を図りました。また，『アサヒ生ビール』の商品ラインアップ拡充や広告・販売促進活動を強化し，ビール市場の活性化を図りました。RTD※1においては，『アサヒ ザ・クラフト』のカクテルシリーズや期間限定商品を展開し，新たな価値提案を強化しました。また，アルコールテイスト飲料においては，お酒を「飲まない／飲めない」人も楽しめる「SUMADORI-BAR SHIBUYA」を出店するなど，飲み方の多様性を提案する「スマートドリンキング」の推進に取り組みました。

　飲料事業では，『ウィルキンソン』から，需要が高まるソバーキュリアス※2スタイルに向けて，「#sober」シリーズを提案するなど，健康志向を踏まえた新たな価値創造を図りました。また，『和紅茶』においては，国産茶葉を100％使用す

ることにより上品な香りや味わいを実現し，拡大する消費者のリラックスニーズに対応しました。

　食品事業では，タブレット菓子『ミンティア』において，主力商品のリニューアルや広告・販売促進活動の展開により，ブランド力の向上に取り組みました。フリーズドライ食品『アマノフーズ』，サプリメント『ディアナチュラ』などの主力ブランドにおいても，時短ニーズや健康志向の高まりを捉えた商品の展開により，多様化するライフスタイルに対応しました。

　以上の結果，売上収益は，ビールの売上が増加した酒類事業を中心に各事業が増収となり，前期比6.8％増の1兆3,017億3千1百万円となりました。

　事業利益は，原材料関連やブランド投資の強化に伴う費用増加などの影響はあったものの，増収効果や各種コストの効率化などにより，前期比5.3％増の1,089億1千3百万円となりました（営業利益は前期比19.4％減の964億1千7百万円）。

※1　RTD：Ready To Drinkの略。購入後，そのまま飲用可能な缶チューハイなどを指します。
※2　ソバーキュリアス (Sober Curious) とは，"あえてお酒を飲まない"という新しいライフスタイルを指します。

[欧州]

　欧州においては，主力のローカルブランドの強化，ノンアルコールビールの拡大などにより，各国のブランドポートフォリオのプレミアム化を推進するとともに，グローバルブランドの拡大展開を図りました。また，環境問題への対応やありたい企業風土の醸成に向けた取り組みを強化することで，持続的な成長基盤の更なる拡大を図りました。

　欧州地域では，チェコにおいて，誕生180周年を迎えた『Pilsner Urquell』が，音楽やスポーツイベントを起点にブランド訴求を強化したほか，缶容器のリサイクル比率向上やPETボトル容器商品の製造終了など，環境負荷低減の取り組みを推進しました。また，ポーランドやイタリア，ルーマニアにおける『Kozel』，英国やルーマニアにおける『Peroni Nastro Azzurro』など，各国でグローバルブランドを拡大展開することにより，更なるプレミアム化を推進しました。さらに，ノンアルコールビールでは，チェコにおいて，『Birell』をより豊かな味わいにするリニューアルを実施するとともに，新たなフレーバーを展開したほか，ポーラン

ドにおいて，『Lech Free』の積極的なプロモーション活動やフレーバービール『Hardmade』のノンアルコールビールの発売など，新たな飲用機会の獲得に向けた取り組みを強化しました。

グローバルブランドの展開では，『アサヒスーパードライ』において，「City Football Group」とのパートナーシップ契約の締結により，英国「Manchester City」をはじめ，同グループ傘下の日本，中国，豪州チームの公式ビールスポンサーとなり，マーケティングの強化を図りました。また，『Peroni Nastro Azzurro』においては，ノンアルコールビール『Peroni Nastro Azzurro 0.0%』を世界20カ国以上で発売し，パートナーシップ契約を締結するモータースポーツチーム「Aston Martin Cognizant FORMULA ONETM TEAM」との広告展開や体験型のイベント開催など，ブランドの認知度向上に向けた取り組みを推進しました。

以上の結果，売上収益は，各国における飲食店向けの需要回復に加えて，グローバルブランドやノンアルコールビールの売上拡大や価格改定の効果などにより，前期比21.0%増の5,738億7千5百万円となりました。

事業利益は，主に原材料やユーティリティなどの費用増加の影響があったものの，飲食店向けの需要回復に加え，ブランドポートフォリオのプレミアム化の進展などに伴う増収効果や為替変動の影響により，前期比0.7%増の760億5百万円となりました（営業利益は前期比19.8%増の551億6千3百万円）。

なお，為替変動による影響を除くと，売上収益は前期比13.5%の増収，事業利益は前期比6.3%の減益となりました。

[オセアニア]

オセアニアにおいては，酒類と飲料事業の強みを活かしたマルチビバレッジ戦略を推進するとともに，プレミアム化の強化や統合シナジーの創出により，収益基盤の盤石化に取り組みました。また，ノンアルコールビールなど，BAC※における新たな成長カテゴリーへの投資強化に加えて，サステナビリティを重視した新価値提案やSCM改革などを推進しました。

酒類事業では，主力ブランドの『Great Northern』において健康需要を踏まえたアウトドアイベントを展開するなど，積極的なマーケティング活動を推進したほか，全豪オープンテニスなど各種スポーツイベントとのパートナーシップ契約を

締結するなど，ブランド価値の向上を図りました。また，『アサヒスーパードライ』や『PeroniNastro Azzurro』から低アルコール商品を新たに発売したほか，『Great Northern Zero』を中心としたノンアルコールビールやハード・セルツァー『Good Tides』の販売促進活動を強化するなど，多様化する飲用ニーズに向けた取り組みを推進しました。

飲料事業では，健康志向の高まりを受け，炭酸飲料やスポーツ飲料のノンシュガー商品を中心に販売促進活動を強化しました。さらに，CUB事業の販路を活用して清涼飲料の飲食店向けの販売を強化したほか，2021年5月に取得したプレミアムコーヒー豆焙煎販売事業を展開するAllpress Espresso社のコーヒー豆を既存顧客向けに販売するなど，マルチビバレッジ戦略による統合シナジーの創出に取り組みました。

また，競合他社を含む4社の合弁会社において建設した豪州最大のPETリサイクル工場の本格稼働に加え，在庫管理の自動化を促進するなど，持続可能なサプライチェーンの構築を推進しました。

以上の結果，売上収益は，新型コロナウイルス感染拡大の影響はあったものの，ビールや炭酸飲料，スポーツ飲料を中心とした主力カテゴリーの売上拡大や為替変動の影響により，前期比16.6％増の5,831億6千7百万円となりました。

事業利益は，原材料関連の費用増加の影響などはあったものの，統合シナジーの創出を中心としたコスト効率化や為替変動の影響もあり，前期比29.0％増の1,070億9千5百万円となりました（営業利益は前期比28.2％増の801億7千7百万円）。

なお，為替変動による影響を除くと，売上収益は前期比5.6％の増収，事業利益は前期比16.7％の増益となりました。

※　BAC：Beer Adjacent Categoriesの略。低アルコール飲料，ノンアルコールビール，成人向け清涼飲料など，ビール隣接カテゴリーを指します。

［東南アジア］

東南アジアにおいては，自社ブランドを中心としたブランド投資の拡大などにより，マレーシア，フィリピン，インドネシアを中心とした展開国におけるプレゼンスの更なる向上を図りました。また，CO2排出量の削減や地域社会への貢献など，サステナビリティの取り組みを推進しました。

(point) 財務諸表

この項目では，連結ではなく単体の貸借対照表と，損益計算書の内訳を確認することができる。連結＝単体＋子会社なので，会社によっては単体の業績を調べて連結全体の業績予想のヒントにする場合があるが，あまりその必要性がある企業は多くない。

マレーシアでは，『CALPIS』から，ナタデココの配合により食物繊維も摂取でき満足感のある味わいの『CalpisChewy』や，期間限定商品『Calpis White Peach』を発売するなど，商品ラインアップを拡充し，ブランド力の強化を図りました。また，『WONDA』では，サッカーイベントを活用した情報発信の強化や，在宅需要に合わせたインスタントコーヒーの積極的な販売促進活動などに取り組みました。

以上の結果，売上収益は，一部の国において新型コロナウイルスの影響が継続したものの，マレーシアにおける主力ブランドの販売が好調に推移したことに加え，マレーシア以外の展開国における新商品効果，価格改定や為替変動の影響などにより，前期比21.1％増の516億8千万円となりました。

事業利益は，原材料関連の費用や輸送費の増加などの影響があったものの，固定費全般の効率化などを推進したことにより，前期比39.9％増の5億7千2百万円となりました（営業利益は前期比11億1千9百万円改善の6億3千3百万円）。

なお，為替変動による影響を除くと，売上収益は前期比6.8％の増収，事業利益は前期比27.6％の増益となりました。

[その他]

その他については，売上収益は，前期比47.0％増の87億6千4百万円となりました。

事業利益については，前期比13.4％増の14億7百万円となりました（営業利益は前期比45.5％減の12億5千7百万円）。

[『中長期経営方針』の中期的なガイドラインの進捗]

「主要指標のガイドライン」については，2022年度の事業利益（為替一定ベース）は，各地域において原材料価格上昇による影響を受けたことなどにより，ガイドラインを若干下回りましたが，EPS（調整後）はガイドラインどおりの進捗となりました。また，フリー・キャッシュ・フロー（FCF）については，着実な利益成長と不稼働資産売却などのキャッシュ創出により，ガイドラインどおりの進捗となりました。

「財務方針のガイドライン」については，FCFがガイドラインどおりの進捗と

なったことなどにより，NetDebt/EBITDAもガイドラインどおりの進捗となりました。また，株主還元については，EPSが増加したことにより，当期は1株当たりの配当額を4円増配の113円とすることにより，ガイドライン並みの水準となる予定です。

主要指標のガイドライン

	3年程度を想定したガイドライン	2022年実績
事業利益	・CAGR（年平均成長率）：一桁台後半※1	5.9%
EPS（調整後※2）	・CAGR（年平均成長率）：一桁台後半	7.0%
FCF※3	・年平均2,000億円以上	2,011億円

※1　為替一定ベース
※2　調整後とは，事業ポートフォリオの再構築や減損損失など一時的な特殊要因を除いたものです。
※3　FCF＝営業CF-投資CF（M&A等の事業再構築を除く）
(注)　「主要指標のガイドライン」における2022年実績の金額は，表示単位未満を四捨五入して表示しております。

財務方針のガイドライン

	2022年以降のガイドライン	2022年実績
成長投資・債務削減	・FCFは債務削減へ優先的に充当し，成長投資への余力を高める ・Net Debt/EBITDA※1は2024年に3倍程度を目指す （劣後債の50%はNet Debtから除いて算出）	3.61倍
株主還元	・配当性向※2 35%程度を目途とした安定的な増配 （将来的な配当性向は40%を目指す）	34.6%

※1　Net Debt/EBITDA（EBITDA純有利子負債倍率）＝（金融債務－現預金）／EBITDA
※2　配当性向は，親会社の所有者に帰属する当期利益から事業ポートフォリオ再構築などに係る一時的な損益（税金費用控除後）を控除して算出しております。

(2)　キャッシュ・フローの状況

当年度の営業活動によるキャッシュ・フローは，税引前利益が2,059億9千2百万円となりましたが，法人所得税等の支払による減少があった一方で，減価償却費等の非キャッシュ項目による増加や運転資本の効率化により，2,659億9千1百万円（前期比：718億2千万円の収入減）の収入となりました。

投資活動によるキャッシュ・フローは，有形固定資産の取得による支出などにより，691億8千6百万円（前期比：548億3千8百万円の支出増）の支出となりました。

財務活動によるキャッシュ・フローは，主に社債発行による収入があった一方

で，社債の償還や長期借入金の返済による支出などがあり，2,195億5千6百万円（前期比：1,007億6千8百万円の支出減）の支出となりました。

　以上の結果，当年度末では，前年度末と比較して現金及び現金同等物の残高は153億4百万円減少し，374億3千8百万円となりました。

（生産，受注及び販売の状況）

（1）　生産実績 ···

当年度におけるセグメントごとの生産実績は以下の通りであります。

セグメントの名称	金額	前期比
日　　　　本	1,212,157 百万円	6.1%
欧　　　　州	455,728 百万円	20.3%
オ セ ア ニ ア	502,002 百万円	18.1%
東 南 ア ジ ア	44,328 百万円	26.9%

（注）1　金額は，販売価額によっております。

　　　2　IFRSに基づく金額を記載しております。

　　　3　日本の生産高には，外部への製造委託を含めております。

（2）　受注実績 ···

当社グループでは受注生産はほとんど行っておりません。

（3）　販売実績 ···

当年度におけるセグメントごとの販売実績は以下の通りであります。

セグメントの名称	金額	前期比
日　　　　本	1,301,731 百万円	6.8%
欧　　　　州	573,875 百万円	21.0%
オ セ ア ニ ア	583,167 百万円	16.6%
東 南 ア ジ ア	51,680 百万円	21.1%
そ　の　他	8,764 百万円	47.0%
調　整　額	△8,110 百万円	―
合　　　計	2,511,108 百万円	12.3%

（注）1　調整額はセグメント間取引であります。

　　　2　主な相手先別の販売実績及び当該販売実績の総販売実績に対する割合については，外部顧客への売上収益のうち，総販売高の10％以上を占める相手先がないため，記載を省略しております。

（経営者の視点による経営成績等の状況に関する分析・検討内容）

　当年度の財政状態，経営成績及びキャッシュ・フローの状況の分析は以下の通りであります。

（1）　重要な会計方針及び見積り ……………………………………………

　当社の連結財務諸表は，IFRSに準拠して作成されております。この連結財務諸表の作成にあたり，見積りが必要となる事項につきましては，合理的な基準に基づき，会計上の見積りを行っております。

　詳細につきましては，「第5　経理の状況　1　連結財務諸表等　注記事項（連結財務諸表注記　5　重要な会計上の見積り及び判断）」に記載しております。。

（2）　当年度の経営成績の分析 ……………………………………………
①　売上収益

　アサヒグループの当年度の売上収益は，前期比12.3％増，2,750億3千2百万円増収の2兆5,111億8百万円となりました。日本においては，ビールの売上が増加した酒類事業を中心に各事業が増収となり，前期比6.8％増の1兆3,017億3千1百万円となりました。欧州においては，各国における飲食店向けの需要回復に加えて，グローバルブランドやノンアルコールビールの売上拡大や価格改定の効果などにより，前期比21.0％増の5,738億7千5百万円となりました。オセアニアにおいては，新型コロナウイルス感染拡大の影響はあったものの，ビールや炭酸飲料，スポーツ飲料を中心とした主力カテゴリーの売上拡大や為替変動の影響により，前期比16.6％増の5,831億6千7百万円となりました。東南アジアにおいては，一部の国において新型コロナウイルスの影響が継続したものの，マレーシアにおける主力ブランドの販売が好調に推移したことに加え，マレーシア以外の展開国における新商品効果，価格改定や為替変動の影響などにより，前期比21.1％増の516億8千万円となりました。その他においては，前期比47.0％増の87億6千4百万円となりました。

②　事業利益

　当年度の事業利益は，前期比11.9％増，258億7千6百万円増益の2,438億1千7百万円となりました。日本においては，原材料関連やブランド投資の

強化に伴う費用増加などの影響はあったものの，増収効果や各種コストの効率化などにより，前期比5.3％増の1,089億1千3百万円となりました。欧州においては，主に原材料やユーティリティなどの費用増加の影響があったものの，飲食店向けの需要回復に加え，ブランドポートフォリオのプレミアム化の進展などに伴う増収効果や為替変動の影響により，前期比0.7％増の760億5百万円となりました。オセアニアにおいては，原材料関連の費用増加の影響などはあったものの，統合シナジーの創出を中心としたコスト効率化や為替変動の影響もあり，前期比29.0％増の1,070億9千5百万円となりました。東南アジアにおいては，原材料関連の費用や輸送費の増加などの影響があったものの，固定費全般の効率化などを推進したことにより，前期比39.9％増の5億7千2百万円となりました。その他においては，前期比13.4％増の14億7百万円となりました。

③　**営業利益**

営業利益は，事業利益の増益などにより，前期比2.4％増，51億4千8百万円増益の2,170億4千8百万円となりました。

④　**税引前利益**

当年度の税引前利益は，営業利益の増益に加え，金融収益が前期比4.4％減，2億5千5百万円減少の54億9千8百万円となったことや，金融費用が前期比7.0％減，12億9千5百万円減少の172億2千1百万円となったことなどにより，前期比3.1％増，61億6千6百万円増益の2,059億9千2百万円となりました。

⑤　**親会社の所有者に帰属する当期利益**

親会社の所有者に帰属する当期利益は，法人所得税費用の増加により，前期比1.3％減，19億4千4百万円減益の1,515億5千5百万円となりました。

また，基本的1株当たり利益は299.10円（前期302.92円）となり，親会社所有者帰属持分比率は42.7％（前期38.6％）となりました。

また，事業ポートフォリオ再構築など一時的な特殊要因を除いた親会社の所有者に帰属する当期利益を算出に用いた調整後基本的1株当たり利益は326.48円（前期302.92円）となりました。

（3）　財政状態の分析 ··

①　総資産

　　当年度の連結総資産は，為替相場の変動によるのれん及び無形資産を含む外貨建資産の増加等により，総資産は前年度末と比較して2,825億9千5百万円増加し，4兆8,303億4千4百万円となりました。

②　負債

　　負債は，原材料関連の価格上昇等に伴う営業債務及びその他の債務の増加や，為替相場の変動による外貨建負債の増加，社債及び借入金の減少等により，前年度末と比較して212億1百万円減少し，2兆7,673億9千9百万円となりました。

③　資本

　　資本は，前年度末に比べ3,037億9千6百万円増加し，2兆629億4千5百万円となりました。これは，配当金支出により利益剰余金が減少したものの，親会社の所有者に帰属する当期利益の計上により利益剰余金が増加したこと及び為替相場の変動により在外営業活動体の換算差額が増加したこと等によるものです。

　　この結果，親会社所有者帰属持分比率は42.7％となりました。

　　また，事業ポートフォリオ再構築や為替変動など一時的な特殊要因を除いた「親会社の所有者に帰属する当期利益」及び「親会社の所有者に帰属する持分合計」を算出に用いた調整後親会社所有者帰属持分当期利益率は11.1％（前期11.0％）となりました。

（4）　資本の財源及び資金の流動性についての分析 ······························

①　キャッシュ・フロー分析

　　キャッシュ・フローの状況につきましては，「（業績等の概要）（2）キャッシュ・フローの状況」に記載の通りであります。

　　また，キャッシュ・フロー指標のトレンドは，以下の通りであります。

	前年度	当年度
親会社所有者帰属持分比率（%）	38.6	42.7
時価ベースの親会社所有者帰属持分比率（%）	49.9	43.2
キャッシュ・フロー対有利子負債比率（年）	5.1	6.1
インタレスト・カバレッジ・レシオ（倍）	30.1	24.5

（注）親会社所有者帰属持分比率：親会社の所有者に帰属する持分／総資産

　　　時価ベースの親会社所有者帰属持分比率：株式時価総額／総資産

　　　キャッシュ・フロー対有利子負債比率：有利子負債／キャッシュ・フロー

　　　インタレスト・カバレッジ・レシオ：キャッシュ・フロー／利払い

※　各指標はいずれも連結ベースの財務数値により算出しております。

※　株式時価総額は自己株式を除く発行済株式数をベースに計算しております。

※　キャッシュ・フローは営業キャッシュ・フローを使用しております。

② **資金の調達**

　アサヒグループの資金の源泉は，主として営業活動からのキャッシュ・フローと金融機関からの借入，社債の発行からなります。当社は経営方針として，有利子負債残高の圧縮を基本として掲げておりますが，「事業基盤強化・効率化を目指した設備投資」及び「Ｍ＆Ａを含む戦略的事業投資」については資金需要に応じて金融債務を柔軟に活用することとしております。一方，運転資金需要については，短期借入金及びコマーシャル・ペーパーでまかなうことを基本としております。

③ **資金の流動性**

　当社及び主要な連結子会社はCMS（キャッシュマネジメントシステム）を導入しており，各社における余剰資金を当社へ集中し，一元管理を行うことにより，資金効率の向上と金融費用の極小化を図っております。

（5）　戦略的現状と見通し ……………………………………………………

　2023年度は，原材料・エネルギー価格の高騰やインフレの影響など，厳しい経営環境が続くことが想定されますが，『中長期経営方針』に基づいて，既存事業の持続的成長と新たな成長領域の拡大のほか，サステナビリティと経営の統合を軸としたコア戦略の一層の強化により，持続的な成長と企業価値向上を目指します。

日本においては，酒類，飲料，食品各事業で「強み」のある主力ブランドの価値向上を軸に成長戦略を推進するとともに，環境変化を捉えた新たな価値提案の強化に取り組みます。また，各事業の収益基盤の強化に加え，事業の枠を超えた日本全体でのシナジーの創出やサステナビリティへの取り組み強化により，持続的な成長基盤を構築していきます。

　欧州においては，『アサヒスーパードライ』や『Peroni Nastro Azzurro』などのグローバルブランドの拡大展開を加速させるとともに，ローカルではブランドポートフォリオの競合優位を発揮し，プレミアム戦略の強化を推進していきます。また，サステナビリティの重点テーマである「環境」や「コミュニティ」などの取り組みを深化させることにより，持続可能な成長に向けた基盤を強化します。

　オセアニアにおいては，酒類，飲料事業におけるプレミアム戦略の強化に加え，各事業の強みを融合したマルチビバレッジ戦略の推進や統合シナジーの創出などにより，収益基盤の更なる強化を図ります。また，健康やウェルネスを意識した新たな商品やサービスの提案など，サステナビリティを重視した取り組みを推進していきます。

　東南アジアにおいては，主力ブランドへの選択と集中の加速や各販売チャネルとの関係強化などにより，マレーシアを中心に各展開国における事業ポートフォリオの再構築を図ります。また，環境や貧困などの社会課題に対する取り組みや人材育成などの強化を通じて，持続的な成長基盤の確立を推進していきます。

(6)　経営者の問題認識と今後の方針について ……………………………

　経営者の問題認識と今後の方針につきましては，この文中に記載したほか，「1　経営方針，経営環境及び対処すべき課題等」に記載の通りであります。

(7)　経営成績に重要な影響を与える要因について ……………………………

　経営成績に重要な影響を与える要因につきましては，「2　事業等のリスク」に記載の通りであります。

設備の状況

1 設備投資等の概要

　当年度の設備投資は，131,456百万円（ソフトウエアを含む）であり，セグメント毎の内訳は次の通りであります。

　日本においては，主に売上・事業利益拡大につながる成長投資と収益改善投資を実施しました。その結果，日本の設備投資額は52,725百万円となりました。

　欧州においては，主にチェコ及びルーマニアにおける醸造能力増強投資を実施しました。その結果，欧州の設備投資額は，52,198百万円となりました。

　オセアニアにおいては，CUBとの統合によるシナジー創出の為の収益構造改革投資を実施し，缶の能力増強投資に着手しました。その結果，オセアニアの設備投資額は，24,195百万円となりました。

　東南アジアにおいては，売上拡大に向けた基盤事業の維持・強化を目的とした営業投資を実施しました。その結果，東南アジアの設備投資額は931百万円となりました。

　その他の事業及び全社（共通）の設備投資額は，それぞれ204百万円，1,200百万円となりました。

2 主要な設備の状況

(1) 提出会社

事業所名 （所在地）	セグメントの名称	設備の内容	帳簿価額（百万円）						従業員数 （人）
			建物及び構築物	機械装置及び運搬具	土地 （面積㎡）	使用権資産	その他	合計	
本店他 （東京都墨田区他）	その他	本店設備等	14,418	4	3,665 (44,018)	28	493	18,610	164 《4》

(2) 国内子会社 ···

会社名	事業所名 (所在地)	セグメ ントの 名称	設備の 内容	帳簿価額（百万円）						従業 員数 (人)
				建物及び 構築物	機械装置 及び 運搬具	土地 (面積㎡)	使用権 資産	その他	合計	
アサヒビール ㈱	茨城工場他 7工場 (茨城県守谷 市他)	日本	ビール等 製造設備	32,571	43,474	24,654 (1,628,103) [41,394]	37	1,718	102,457	1,062 ≪91≫
ニッカウヰス キー㈱	仙台工場他 7工場 (仙台市青葉 区他)	日本	ウイスキ ー等製造 設備	8,069	13,922	3,071 (871,872) [18,440] 〈1,140〉	—	272	25,336	227 ≪209≫
アサヒ飲料㈱ 他1社	明石工場他 6工場 (兵庫県明石 市他)	日本	清涼飲料 製造設備	20,599	34,803	16,564 (594,995) 〈238,632〉	—	657	72,624	726 ≪654≫
アサヒグルー プ食品㈱	岡山工場他 4工場 (岡山県浅口 郡)	日本	食品 製造設備	8,816	8,464	3,372 (169,620) [21]	—	285	20,938	453 ≪332≫
アサヒビール モルト㈱	本社・野洲工 場他1工場 (滋賀県野洲 市他)	日本	麦芽 加工設備	627	452	489 (85,833)	—	26	1,595	32 ≪5≫

(3) 在外子会社 ···

会社名	事業所名 (所在地)	セグメントの名称	設備の内容	帳簿価額（百万円）						従業員数 (人)
				建物及び構築物	機械装置及び運搬具	土地 (面積㎡)	使用権資産	その他	合計	
Birra Peroni S. r. l.	ローマ工場他 3工場 (ローマ 他)	欧州	ビール 製造設備	9,213	16,691	5,073 (508,980)	235	145	31,359	380 ≪87≫
Koninklijke Grolsch N. V.	エンスヘーデ工場 (エンスヘーデ)	欧州	ビール 製造設備	12,210	6,241	3,565 (254,000)	207	―	22,224	286 ≪73≫
Plzeňský Prazdroj, a. s.	ピルゼン工場 他2工場 (ピルゼン 他)	欧州	ビール 製造設備	20,829	22,435	7,727 (947,392) [6,755]	3,071	10,321	64,384	750 ≪-≫
Pivovary Topvar a. s.	ヴェルキーサリス工場 (プレショフ)	欧州	ビール 製造設備	1,166	1,889	417 (93,000)	17	136	3,627	156 ≪-≫
Kompania Piwowarska S. A.	ポズナン工場 他2工場 (ヴィエルコポルスカ 他)	欧州	ビール 製造設備	10,888	12,847	1,178 (539,831) [474,666]	19	661	25,595	1,041 ≪7≫
Ursus Breweries SA	ブザウ工場他 2工場 (ブザウ 他)	欧州	ビール 製造設備	6,600	11,438	2,104 (279,397)	148	635	20,926	788 ≪30≫
Dreher Sörgyárak Zrt.	ブダペスト工場 (ブダペスト)	欧州	ビール 製造設備	2,038	2,489	728 (249,463)	―	13	5,270	190 ≪6≫
Schweppes Australia Pty Limited 他7社	タラマリン工場他9工場 (ヴィクトリア州 他)	オセアニア	清涼飲料 製造設備	5,735	28,285	6,383 (1,668,333) [218,893]	12,767	1,197	54,370	793 ≪198≫
CUB Pty Ltd	アボッツフォード工場 他4工場 (ヴィクトリア州 他)	オセアニア	清涼飲料 製造設備	6,163	24,453	16,361 (3,875,000)	2,424	1,175	50,578	574 ≪122≫
Etika Beverages Sdn. Bhd.	バンギ工場 (スランゴール州)	東南アジア	清涼飲料 製造設備	927	1,844	66 (40,636) [40,636]	―	27	2,865	174 ≪76≫
Etika Dairies Sdn. Bhd. 他3社	メル工場他 3工場 (スランゴール州 他)	東南アジア	乳製品 製造設備	1,931	2,550	384 (558,664) [35,290]	178	18	5,064	431 ≪-≫

(注) 1 帳簿価額の内「その他」は，工具，器具及び備品等で，建設仮勘定の金額を含めておりません。
    2 上記の内土地の一部について連結会社以外から賃借しています。賃借料は年額1,381百万円で，賃

借している土地の面積については［　］で内書しております。
3　上記＜　＞は，連結会社以外への賃貸設備で，帳簿価額に含まれております。
4　上記≪　≫は，臨時従業員数であります。
5　現在休止中の主要な設備は，ありません。
6　上記の他，連結子会社の支社等の営業設備の工具，器具及び備品を中心に賃借資産があります。

3　設備の新設，除却等の計画

（1）　重要な設備の新設等 ···

該当事項はありません。

（2）　重要な設備の除却等 ···

該当事項はありません。

提出会社の状況

1　株式等の状況

（1）　株式の総数等 ···

①　株式の総数

種類	発行可能株式総数（株）
普通株式	972,305,309
計	972,305,309

②　発行済株式

種類	事業年度末現在発行数(株) （2022年12月31日）	提出日現在発行数(株) （2023年3月29日）	上場金融商品取引所名又は登録認可金融商品取引業協会名	内容
普通株式	507,003,362	507,003,362	東京証券取引所プライム市場	完全議決権株式であり権利内容に制限のない標準となる株式であります。 単元株式数は100株であります。
計	507,003,362	507,003,362	－	－

1 連結財務諸表及び財務諸表の作成方法について ································

(1) 当社の連結財務諸表は，「連結財務諸表の用語，様式及び作成方法に関する規則」（昭和51年大蔵省令第28号。以下「連結財務諸表規則」という。）第93条の規定により，国際会計基準（以下「IFRS」という。）に準拠して作成しております。

(2) 当社の財務諸表は，「財務諸表等の用語，様式及び作成方法に関する規則」（昭和38年大蔵省令第59号。以下「財務諸表等規則」という。）に基づいて作成しております。

　なお，当社は，特例財務諸表提出会社に該当し，財務諸表等規則第127条の規定により財務諸表を作成しております。

2 監査証明について ··

　当社は，金融商品取引法第193条の2第1項の規定に基づき，連結会計年度（2022年1月1日から2022年12月31日まで）の連結財務諸表及び事業年度（2022年1月1日から2022年12月31日まで）の財務諸表について，有限責任 あずさ監査法人により監査を受けております。

3 連結財務諸表等の適正性を確保するための特段の取組み及びIFRSに基づいて連結財務諸表等を適正に作成することができる体制の整備について ··········

　当社は，連結財務諸表等の適正性を確保するための特段の取組みを行っております。具体的には，会計基準等の内容を適切に把握し，連結財務諸表等に反映できる体制を整備するため，公益財団法人財務会計基準機構へ加入し，研修等に参加しております。

　また当社は，国際会計基準審議会が公表するプレスリリースや基準書を随時入手し，最新の基準の情報を把握するとともに，IFRSに基づく適正な連結財務諸表等を作成するために，IFRSに準拠したグループ会計方針を作成し，それに基づいて会計処理を行っております。

（1）【連結財務諸表】‥‥‥‥‥‥‥‥‥‥‥‥‥‥‥‥‥‥‥‥‥‥‥‥‥‥‥‥

①　【連結財政状態計算書】

（単位：百万円）

	注記	前年度 （2021年12月31日）	当年度 （2022年12月31日）
資産			
流動資産			
現金及び現金同等物	7	52,743	37,438
営業債権及びその他の債権	8　31	395,974	415,676
棚卸資産	9	200,828	234,969
未収法人所得税等		2,232	7,354
その他の金融資産	13	7,119	10,028
その他の流動資産	14	34,081	32,062
小計		692,980	737,529
売却目的で保有する資産	10	7,196	－
流動資産合計		700,176	737,529
非流動資産			
有形固定資産	11	818,398	834,721
のれん及び無形資産	12	2,819,634	3,027,929
持分法で会計処理されている投資	37	6,640	6,722
その他の金融資産	13	126,295	125,780
繰延税金資産	28	34,549	54,888
確定給付資産	18	23,981	24,004
その他の非流動資産	14	18,071	18,767
非流動資産合計		3,847,572	4,092,815
資産合計		4,547,748	4,830,344

	注記	前年度 （2021年12月31日）	当年度 （2022年12月31日）
負債及び資本			
負債			
流動負債			
営業債務及びその他の債務	15	531,573	591,869
社債及び借入金	16 31 34	423,652	367,267
未払法人所得税等		36,841	30,906
引当金	19	13,253	14,103
その他の金融負債	16	111,585	135,983
その他の流動負債	20	125,985	125,816
流動負債合計		1,242,891	1,265,946
非流動負債			
社債及び借入金	16 31 34	1,172,551	1,130,042
確定給付負債	18	24,053	20,349
繰延税金負債	28	203,579	213,494
その他の金融負債	16	139,194	131,792
その他の非流動負債	19 20	6,330	5,774
非流動負債合計		1,545,709	1,501,452
負債合計		2,788,600	2,767,399
資本			
資本金	21	220,044	220,044
資本剰余金	21	161,731	161,793
利益剰余金	21	1,064,644	1,165,542
自己株式	21	△923	△1,178
その他の資本の構成要素		311,607	514,532
親会社の所有者に帰属する持分合計		1,757,104	2,060,734
非支配持分		2,043	2,210
資本合計		1,759,148	2,062,945
負債及び資本合計		4,547,748	4,830,344

② 【連結損益計算書】

（単位：百万円）

	注記	前年度 （自 2021年1月1日 至 2021年12月31日）	当年度 （自 2022年1月1日 至 2022年12月31日）
売上収益	24	2,236,076	2,511,108
売上原価		△1,383,195	△1,589,272
売上総利益		852,881	921,835
販売費及び一般管理費	25	△634,940	△678,018
その他の営業収益	26	46,055	16,850
その他の営業費用	12 26	△52,096	△43,619
営業利益		211,900	217,048
金融収益	27	5,754	5,498
金融費用	27	△18,516	△17,221
持分法による投資損益	37	687	667
税引前利益		199,826	205,992
法人所得税費用	28	△46,003	△54,275
当期利益		153,823	151,717
当期利益の帰属：			
親会社の所有者		153,500	151,555
非支配持分		322	162
合計		153,823	151,717
基本的1株当たり利益（円）	29	302.92	299.10
希薄化後1株当たり利益（円）	29	302.89	299.06

③ 【連結包括利益計算書】

（単位：百万円）

	注記	前年度 （自 2021年1月1日 至 2021年12月31日）	当年度 （自 2022年1月1日 至 2022年12月31日）
当期利益		153,823	151,717
その他の包括利益			
純損益に振り替えられることのない項目			
その他の包括利益を通じて公正価値で測定される金融商品への投資の公正価値の変動	30	△8,080	△991
確定給付制度に係る再測定	18 30	4,607	3,776
純損益に振り替えられる可能性のある項目			
キャッシュ・フロー・ヘッジ	30 31	5,071	△2,865
ヘッジコスト	30 31	172	122
在外営業活動体の換算差額	30	139,707	209,867
持分法適用会社に対する持分相当額	30	319	155
その他の包括利益合計	30	141,799	210,063
当期包括利益合計		295,622	361,781
当期包括利益合計の帰属：			
親会社の所有者		295,255	361,604
非支配持分		366	177

④ 【連結持分変動計算書】

前年度（自　2021年1月1日　至　2021年12月31日）

（単位：百万円）

区分	注記	親会社の所有者に帰属する持分						
						その他の資本の構成要素		
		資本金	資本剰余金	利益剰余金	自己株式	その他の包括利益を通じて公正価値で測定される金融商品への投資の公正価値の変動	確定給付制度に係る再測定	キャッシュ・フロー・ヘッジ
2021年1月1日現在の残高		220,044	161,783	967,230	△1,031	39,605	－	2,526
当期包括利益								
当期利益				153,500				
その他の包括利益						△8,080	4,584	5,072
当期包括利益合計		－	－	153,500		△8,080	4,584	5,072
非金融資産等への振替								△111
所有者との取引								
剰余金の配当	22			△54,220				
自己株式の取得					△26			
自己株式の処分			0		134			
株式報酬取引	23		△52					
その他の資本の構成要素から利益剰余金への振替				△1,865		6,450	△4,584	
その他の増減								
所有者からの拠出及び所有者への分配合計		－	△52	△56,085	108	6,450	△4,584	
所有者との取引合計		－	△52	△56,085	108	6,450	△4,584	－
2021年12月31日現在の残高		220,044	161,731	1,064,644	△923	37,975	－	7,486

区分	注記	親会社の所有者に帰属する持分			非支配持分	資本合計
		その他の資本の構成要素		親会社の所有者に帰属する持分合計		
		ヘッジコスト	在外営業活動体の換算差額	その他の資本の構成要素合計		
2021年1月1日現在の残高		△773	126,739	168,097	1,516,124	1,691	1,517,816
当期包括利益							
当期利益				－	153,500	322	153,823
その他の包括利益		172	140,006	141,755	141,755	43	141,799
当期包括利益合計		172	140,006	141,755	295,255	366	295,622
非金融資産等への振替				△111	△111		△111
所有者との取引							
剰余金の配当	22			－	△54,220	△13	△54,233
自己株式の取得				－	△26		△26
自己株式の処分				－	135		135
株式報酬取引	23			－	△52		△52
その他の資本の構成要素から利益剰余金への振替				1,865	－		－
その他の増減				－			－
所有者からの拠出及び所有者への分配合計		－	－	1,865	△54,163	△13	△54,177
所有者との取引合計		－	－	1,865	△54,163	△13	△54,177
2021年12月31日現在の残高		△601	266,746	311,607	1,757,104	2,043	1,759,148

当年度（自　2022年1月1日　至　2022年12月31日）

（単位：百万円）

区分	注記	親会社の所有者に帰属する持分						
		資本金	資本剰余金	利益剰余金	自己株式	その他の資本の構成要素		
						その他の包括利益を通じて公正価値で測定される金融商品への投資の公正価値の変動	確定給付制度に係る再測定	キャッシュ・フロー・ヘッジ
2022年1月1日現在の残高		220,044	161,731	1,064,644	△923	37,975	－	7,486
当期包括利益								
当期利益				151,555				
その他の包括利益						△991	3,765	△2,866
当期包括利益合計		－	－	151,555		△991	3,765	△2,866
非金融資産等への振替								△2,042
所有者との取引								
剰余金の配当	22			△55,738				
自己株式の取得					△263			
自己株式の処分			0		8			
株式報酬取引	23		61					
その他の資本の構成要素から利益剰余金への振替				5,081		△1,316	△3,765	
その他の増減								
所有者からの拠出及び所有者への分配合計		－	62	△50,657	△255	△1,316	△3,765	－
所有者との取引合計		－	62	△50,657	△255	△1,316	△3,765	
2022年12月31日現在の残高		220,044	161,793	1,165,542	△1,178	35,667	－	2,577

区分	注記	親会社の所有者に帰属する持分			非支配持分	資本合計
		その他の資本の構成要素		親会社の所有者に帰属する持分合計		
		ヘッジコスト	在外営業活動体の換算差額	その他の資本の構成要素合計		
2022年1月1日現在の残高		△601	266,746	311,607	1,757,104	2,043	1,759,148
当期包括利益							
当期利益				－	151,555	162	151,717
その他の包括利益		122	210,019	210,048	210,048	15	210,063
当期包括利益合計		122	210,019	210,048	361,604	177	361,781
非金融資産等への振替				△2,042	△2,042		△2,042
所有者との取引							
剰余金の配当	22			－	△55,738	△15	△55,753
自己株式の取得				－	△263		△263
自己株式の処分				－	8		8
株式報酬取引	23			－	61		61
その他の資本の構成要素から利益剰余金への振替				△5,081	－		－
その他の増減						4	4
所有者からの拠出及び所有者への分配合計		－	－	△5,081	△55,931	△10	△55,941
所有者との取引合計		－	－	△5,081	△55,931	△10	△55,941
2022年12月31日現在の残高		△478	476,765	514,532	2,060,734	2,210	2,062,945

⑤ 【連結キャッシュ・フロー計算書】

（単位：百万円）

	注記	前年度 （自　2021年1月1日 至　2021年12月31日）	当年度 （自　2022年1月1日 至　2022年12月31日）
営業活動によるキャッシュ・フロー			
税引前利益		199,826	205,992
減価償却費及び償却費		134,815	140,419
減損損失	12	13,442	18,490
受取利息及び受取配当金		△2,880	△2,656
支払利息		12,700	12,306
持分法による投資損益（△は益）		△687	△667
固定資産除売却損益（△は益）		△31,083	△9,540
営業債権の増減額（△は増加）		△11,812	△826
棚卸資産の増減額（△は増加）		△14,566	△27,957
営業債務の増減額（△は減少）		9,598	25,737
未払酒税の増減額（△は減少）		9,106	△4,062
確定給付資産負債の増減額（△は減少）		2,084	1,441
その他		75,992	3,369
小計		396,535	362,049
利息及び配当金の受取額		3,116	3,344
利息の支払額		△11,224	△10,839
法人所得税の支払額		△50,615	△88,562
営業活動によるキャッシュ・フロー		337,812	265,991

	注記	前年度 （自　2021年1月1日 至　2021年12月31日）	当年度 （自　2022年1月1日 至　2022年12月31日）
投資活動によるキャッシュ・フロー			
有形固定資産の取得による支出		△80,803	△83,049
有形固定資産の売却による収入		46,321	25,109
無形資産の取得による支出		△11,832	△16,796
無形資産の売却による収入		18,740	868
投資有価証券の取得による支出		△464	△552
投資有価証券の売却による収入		30,159	8,483
持分法で会計処理されている投資の売却による収入		－	676
連結の範囲の変更を伴う子会社株式等の取得による支出	33	△14,762	△2,661
連結の範囲の変更を伴う子会社株式等の売却による収入	33	396	－
条件付対価の決済による支出		－	△2,357
その他		△2,103	1,091
投資活動によるキャッシュ・フロー		△14,348	△69,186
財務活動によるキャッシュ・フロー			
短期借入金の増減額（△は減少）	34	△440,775	△8,527
リース負債の返済による支出	34	△25,215	△23,307
長期借入による収入	34	191,000	－
長期借入の返済による支出	34	△183,688	△51,460
社債の発行による収入	34	282,048	60,000
社債の償還による支出	34	△88,328	△140,000
自己株式の取得による支出		△26	△263
配当金の支払	22	△54,220	△55,738
その他		△1,119	△258
財務活動によるキャッシュ・フロー		△320,325	△219,556
現金及び現金同等物に係る為替変動による影響		1,144	7,447
現金及び現金同等物の増減額（△は減少）		4,283	△15,304
現金及び現金同等物の期首残高	7	48,460	52,743
現金及び現金同等物の期末残高	7	52,743	37,438

【連結財務諸表注記】

1 報告企業 ···

アサヒグループホールディングス株式会社（以下「当社」という。）は日本に所在する企業であります。当社及び子会社（以下総称して「当社グループ」という。）は、酒類、飲料及び食品の製造・販売等を行っております。

2 作成の基礎 ···

当社グループの連結財務諸表は，連結財務諸表規則第1条の2に掲げる指定国際会計基準特定会社の要件を全て満たすことから，同第93条の規定により，IFRSに準拠して作成しております。当社グループの2022年12月31日に終了する連結会計年度の連結財務諸表は，2023年3月28日に当社代表取締役社長 兼CEO 勝木 敦志及び最高財務責任者 﨑田 薫より公表の承認を得ております。

当社グループの連結財務諸表は，「4 重要な会計方針」に記載している金融商品等を除き，取得原価を基礎として作成しております。

IFRSに準拠した連結財務諸表の作成にあたり，一部の重要な事項について会計上の見積りを行う必要があります。また，グループの会計方針を適用する過程において，経営者が自ら判断を行うことが求められます。

当社グループの連結財務諸表は，当社の機能通貨である日本円により表示されております。なお，当社グループの連結財務諸表において，百万円未満の端数は切り捨てて表示しております。

3 未適用の公表済基準書及び解釈指針 ·················

連結財務諸表の承認日までに新設又は改訂が行われた主な公表済みの基準書及び解釈指針のうち、適用が強制されないため、当年度末において適用していないものは以下のとおりです。なお、これらの適用による当社グループへの影響は検討中であり、現時点で見積ることはできません。

基準書	基準名	強制適用時期 （以降開始年度）	当社グループ 適用年度	新設・改訂の概要
IFRS第17号	保険契約	2023年1月1日	2023年12月期	保険契約についての首尾一貫した会計処理を策定

4　重要な会計方針 ···

　連結財務諸表の作成にあたって採用した主要な会計方針は以下のとおりであります。これらの方針は、特に断りのない限り、表示されている全期間に一貫して適用されております。

(1)　連結 ···

①　子会社

　子会社とは、当社グループにより支配されている企業をいいます。投資先への関与により生じる変動リターンに対するエクスポージャー又は権利を有し、かつ、投資先に対するパワーにより当該リターンに影響を及ぼす能力を有している場合には、当社グループは投資先を支配していると判断しております。

　子会社の財務諸表は、支配開始日から支配終了日までの間、連結財務諸表に含まれております。子会社の財務諸表は、当社グループが適用する会計方針と整合させるため、必要に応じて調整しております。

　グループ会社間の債権債務残高、取引、及びグループ内取引によって発生した未実現損益は、連結財務諸表作成にあたり消去しております。

　なお、決算日が異なる子会社の財務諸表は、連結決算日現在で実施した仮決算に基づく財務諸表を使用しております。

②　関連会社及び共同支配企業

　関連会社とは、当社グループがその財務及び経営方針に対して重要な影響力を有している企業をいいます。当社グループが他の企業の議決権の20パーセント以上を保有する場合、当社グループは当該他の企業に対して重要な影響力を有していると推定しております。共同支配企業とは、取決めに対する共同支配を有する当事者が当該取決めの純資産に対する権利を有している共同支配の取決めをいいます。

　関連会社及び共同支配企業に対する持分は、持分法を用いて会計処理しております（持分法適用会社）。

　これらは、当初認識時に取得原価で認識し、それ以後、当社グループの重要な影響力又は共同支配が終了する日まで、持分法適用会社の純資産に対する当社グループの持分の変動を連結財務諸表に含めて認識しております。当社グ

ループの投資には、取得時に認識したのれんが含まれております。

　関連会社及び共同支配企業の会計方針が、当社グループが採用した方針と異なる場合には、一貫性を保つため必要に応じて調整しております

(2)　企業結合 ……………………………………………………………………

　企業結合は取得法を用いて会計処理しております。取得対価は、被取得企業の支配と交換に譲渡した資産、引き受けた負債及び当社が発行する資本性金融商品の取得日の公正価値の合計として測定されます。

　のれんは、移転した企業結合の対価、被取得企業の非支配持分の金額及び取得企業が以前に保有していた被取得企業の資本持分の公正価値の合計額が、取得日における識別可能資産及び引受負債の正味価額を上回る場合に、その超過額として測定しております。下回る場合は、純損益として認識しております。当社グループは、非支配持分を公正価値で測定するか、又は識別可能な純資産の認識金額の比例持分で測定するかを個々の取引ごとに選択しております。発生した取得費用は費用として処理しております。なお、支配獲得後の非支配持分の追加取得については、資本取引として処理し、当該取引からのれんは認識しておりません。

　また、共通支配下の企業又は事業が関わる企業結合（すべての結合企業又は結合事業が最終的に企業結合の前後で同じ当事者によって支配され、その支配が一時的でない企業結合）については、帳簿価額に基づき会計処理しております。

(3)　外貨換算 ……………………………………………………………………

①　機能通貨及び表示通貨

　当社グループの各企業の財務諸表に含まれる項目は、その企業が業務を行う主要な経済環境における通貨（以下、「機能通貨」といいます。）を用いて測定しております。連結財務諸表は日本円により表示されており、これは当社グループの表示通貨であります。

②　取引及び取引残高

　外貨建取引は、取引日の為替レートを用いて、機能通貨に換算しております。取引の決済から生じる外国為替差額並びに外貨建の貨幣性資産及び負債を期末

日の為替レートで換算することによって生じる外国為替差額は、純損益において認識しております。ただし、その他の包括利益を通じて測定される金融資産及び適格キャッシュ・フロー・ヘッジ、在外営業活動体に対する純投資ヘッジから生じる換算差額については、その他の包括利益として認識しております。

③　**在外営業活動体**

表示通貨とは異なる機能通貨を使用しているすべての在外営業活動体の業績及び財政状態は、以下の方法で表示通貨に換算しております。なお、在外営業活動体には、超インフレ経済の通貨を使用している会社は存在しません。

（ⅰ）資産及び負債は，期末日現在の決算日レートで換算

（ⅱ）収益及び費用は、平均レートで換算（ただし、当該平均レートが取引日における換算レートの累積的な影響の合理的な概算値とはいえない場合は除く。この場合は収益及び費用を取引日レートで換算）

（ⅲ）結果として生じるすべての為替差額はその他の包括利益で認識し、その他の資本の構成要素である在外営業活動体の換算差額に累積

在外営業活動体の部分的処分又は売却時には、その他の包括利益に認識された為替差額は売却に伴う利得又は損失の一部として純損益で認識しております。

（4）　有形固定資産 ··

建物及び構築物、機械装置及び運搬具、工具、器具及び備品並びに土地は、主に製造・加工設備、本店設備で構成されております。有形固定資産は、取得原価から減価償却累計額及び減損損失累計額を控除した価額で計上しております。取得原価には、当該資産の取得に直接関連する費用、解体、除去及び設置していた場所の原状回復費用並びに資産計上すべき借入費用が含まれます。

取得後支出は、当該項目に関連する将来の経済的便益が当社グループに流入する可能性が高く、かつ、その費用を合理的に見積ることができる場合には、当該資産の帳簿価額に含めるか又は適切な場合には個別の資産として認識しております。取り替えられた部分についてはその帳簿価額の認識を中止しております。その他の修繕及び維持費は、発生した会計期間の純損益として認識しております。

土地は減価償却しておりません。他の資産の減価償却額は、各資産の取得原価

を残存価額まで以下の主な見積耐用年数にわたって定額法で配分することにより算定しております。

　　建物及び構築物　　　3年から50年
　　機械装置及び運搬具　2年から15年
　　工具，器具及び備品　2年から20年

　有形固定資産の残存価額、耐用年数及び減価償却方法は各期末日に見直し、必要があれば修正しております。処分に係る利得又は損失は、対価と帳簿価額を比較することで算定し、純損益として認識しております。

（5）　借入費用

　適格資産の取得、構築又は製造に直接関連する借入費用は、その資産が意図した使用又は売却することができるようになるまで、その資産の取得原価に加算されます。適格資産への支出までの特定の借入金の一時的な投資からの獲得投資収益は、資産計上可能な借入費用と相殺されます。

　その他の借入費用は、発生した会計年度の純損益として認識されます。

（6）　のれん及び無形資産

①　のれん

　のれんは、毎期減損テストを実施し、取得原価から減損損失累計額を控除した額が帳簿価額となります。

　のれんの減損損失は戻入れを行いません。事業の売却による損益には、その事業に関連するのれんの帳簿価額が含まれております。

　のれんは企業結合から便益を受けることが期待される資金生成単位又は資金生成単位グループに配分されます。

②　商標権

　個別に取得した商標権は、取得原価により表示しております。企業結合により取得した商標権は、取得日の公正価値により認識しております。商標権については、耐用年数が確定できないものを除き一定の耐用年数を定め、取得原価から償却累計額及び減損損失累計額を控除した金額で計上されます。償却額は、

商標権の取得原価を主に20年から40年の見積耐用年数にわたって定額法で配分することにより算定しております。

③ **ソフトウェア**

ソフトウェアは、取得原価から償却累計額及び減損損失累計額を控除した額を帳簿価額として認識しております。

当社グループ独自のソフトウェアの設計及びテストに直接関連する開発費は、信頼性をもって測定可能であり、技術的に実現可能であり、将来経済的便益を得られる可能性が高く、当社グループが開発を完成させ、当該資産を使用する意図及びそのための十分な資源を有している場合にのみ無形資産として認識しております。

これらの要件を満たさないその他の開発費は、発生時に費用として認識しております。過去に費用として認識された開発費は、その後の会計期間において資産として認識されることはありません。

ソフトウェアは、主として5年の見積耐用年数にわたり定額法により償却しております。

ソフトウェアの保守に関連する費用は、発生時に費用認識しております。

④ **その他無形資産**

その他無形資産は、取得原価に基づき認識しております。企業結合により取得し、のれんとは区別して識別された無形資産の取得原価は企業結合日の公正価値で測定しております。その他無形資産については一定の耐用年数を定め、取得原価から償却累計額及び減損損失累計額を控除した金額で計上されます。しかし、一部の無形資産（借地権等）は事業を継続する限り基本的に存続するため、耐用年数が確定できないと判断し、償却しておりません。償却額は、各その他無形資産の取得原価を見積耐用年数にわたって定額法で配分することにより算定しております。

無形資産の残存価額、耐用年数及び償却方法は各期末日に見直し、必要があれば修正しております。

(7) **リース** ……………………………………………………………………

① 借手としてのリース

　当社グループは、リースの開始日に使用権資産とリース負債を認識します。使用権資産は、取得原価で当初測定しております。この取得原価は、リース負債の当初測定額に、開始日又はそれ以前に支払ったリース料を調整し、発生した当初直接コストと原資産の解体及び除去、原資産又は原資産の設置された敷地の原状回復の際に生じるコストの見積りを加え、受領済みのリース・インセンティブを控除して算定します。当社グループは、連結財政状態計算書において、使用権資産を「有形固定資産」に、リース負債を「その他の金融負債」に含めて表示しております。

　当初認識後、使用権資産は、開始日から使用権資産の耐用年数の終了時又はリース期間の終了時のいずれか早い方の日まで、定額法により減価償却します。使用権資産の見積耐用年数は、自己所有の有形固定資産と同様に決定します。さらに、使用権資産は、該当ある場合、減損損失によって減額され、特定のリース負債の再測定に際して調整されます。

　リース負債は、開始日時点で支払われていないリース料をリースの計算利子率又は計算利子率を容易に算定できない場合には当社グループの追加借入利子率で割り引いた現在価値で当初測定しております。通常、当社グループは割引率として追加借入利子率を用いております。

　また、当社グループは、短期リース及び少額資産のリースにつき、認識の免除規定を適用しております。さらに当社グループは、「COVID-19に関連した賃料減免（IFRS第16号の改訂）」を適用しております。実務上の便法を適用しており、これによってCOVID-19の感染拡大の直接的な結果として受けたレント・コンセッションが、リースの条件変更に該当するか否かを評価する必要がありません。当社グループは、類似の特性を有し、且つ類似の状況にある契約には、実務上の便法を一貫して適用します。当社グループが実務上の便法を適用しないことを選択するリースのレント・コンセッション、又は実務上の便法の適用対象にあたらないリースのレント・コンセッションについて、当社グループはリースの条件変更であるかどうか評価します。

② 貸手としてのリース

　当社グループが貸手となるリースについては、リース契約時にそれぞれのリースをファイナンス・リース又はオペレーティング・リースに分類します。

　それぞれのリースを分類するにあたり、当社グループは、原資産の所有に伴うリスクと経済価値が実質的にすべて移転するか否かを総合的に評価しております。移転する場合はファイナンス・リースに、そうでない場合はオペレーティング・リースに分類します。この評価の一環として、当社グループは、リース期間が原資産の経済的耐用年数の大部分を占めているかなど、特定の指標を検討します。

　当社グループが中間の貸手である場合、ヘッドリースとサブリースは別個に会計処理します。サブリースの分類は、原資産ではなくヘッドリースから生じる使用権資産を参照して判定します。ヘッドリースが上記の免除規定を適用して会計処理する短期リースである場合、サブリースはオペレーティング・リースとして分類します。当社グループは、連結財政状態計算書において、当該サブリースに係る貸手のファイナンス・リースを「営業債権及びその他の債権」及び「その他の非流動資産」に含めて表示しております。

(8)　非金融資産の減損

　のれん及び耐用年数が確定できない無形資産は償却の対象ではなく、毎期減損テストを実施しております。その他の非金融資産は、事象の発生あるいは状況の変化により、その帳簿価額が回収できない可能性を示す兆候がある場合に、減損について検討しております。資産の帳簿価額が回収可能価額を超過する金額については減損損失を認識しております。回収可能価額とは、資産の処分コスト控除後の公正価値と、使用価値のいずれか高い金額であります。減損を評価するために、資産は個別に識別可能なキャッシュ・フローが存在する最小単位（資金生成単位）に分けられます。のれんを除く減損損失を認識した非金融資産については、減損損失が戻入れとなる可能性について、各期末日に再評価を行います。

(9)　金融商品

① 金融資産

（ⅰ）当初認識及び測定

　　当社グループは、契約の当事者となった時点で金融資産を認識しております。通常の方法で売買される金融資産は取引日に認識しております。金融資産は事後に償却原価で測定される金融資産又は公正価値で測定される金融資産に分類しております。

　　純損益を通じて公正価値で測定される金融資産は公正価値で当初認識しております。その他の包括利益を通じて公正価値で測定される金融資産及び償却原価で測定される金融資産は、取得に直接起因する取引コストを公正価値に加算した金額で当初認識しております。ただし、重大な金融要素を含んでいない営業債権は取引価格で当初認識しております。

（a）償却原価で測定される金融資産

　　当社グループの事業モデルの目的が契約上のキャッシュ・フローを回収するために資産を保有すること、また、契約条件により、元本及び元本残高に対する利息の支払のみであるキャッシュ・フローが特定の日に生じるという条件がともに満たされる場合にのみ、償却原価で測定される金融資産に分類しております。

（b）公正価値で測定される金融資産

　　上記の２つの条件のいずれかが満たされない場合は公正価値で測定される金融資産に分類されます。

　　当社グループは、公正価値で測定される金融資産については、純損益を通じて公正価値で測定しなければならない売買目的で保有する資本性金融商品を除き、個々の金融商品ごとに、その他の包括利益を通じて公正価値で測定するという取消不能の指定を行うかを決定しております。指定を行わなかった資本性金融商品は、純損益を通じて公正価値で測定しております。

　　デリバティブについては「⑤　デリバティブ及びヘッジ会計」に記載しております。

（ⅱ）事後測定

　　金融資産は、それぞれの分類に応じて以下のとおり事後測定しております。

（a）償却原価で測定される金融資産

　　　　実効金利法による償却原価で測定しております。

　　（b）公正価値で測定される金融資産

　　　　期末日における公正価値で測定しております。

　　　　公正価値の変動額は、金融資産の分類に応じて純損益又はその他の包括利益で認識しております。

　　　　なお、その他の包括利益を通じて公正価値で測定すると指定された資本性金融商品から生じる受取配当金については純損益で認識し、公正価値が著しく下落した場合又は処分を行った場合は、その他の包括利益累計額を利益剰余金に振り替えております。

（ⅲ）認識の中止

　　金融資産は、投資からのキャッシュ・フローを受け取る契約上の権利が消滅したとき又は当該投資が譲渡され、当社グループが所有に係るリスクと経済価値のほとんどすべてを移転したときに認識を中止します。

②　**金融資産の減損**

　　当社グループは、償却原価で測定される金融資産の回収可能性に関し、期末日ごとに予想信用損失の見積りを行っております。

　　当初認識後に信用リスクが著しく増大していない金融商品については、12ヶ月以内の予想信用損失を損失評価引当金として認識しております。当初認識後に信用リスクが著しく増大している金融商品については、全期間の予想信用損失を損失評価引当金として認識しております。ただし、営業債権については、常に全期間の予想信用損失で損失評価引当金を測定しております。

　　信用リスクが著しく増大している金融資産のうち、減損している客観的証拠がある金融資産については、帳簿価額から損失評価引当金を控除した純額に実効金利を乗じて利息収益を測定しております。

　　金融資産の全部又は一部について回収ができず、又は回収が極めて困難であると判断された場合には債務不履行と判断しております。

　　減損の客観的な証拠が存在するかどうかを判断する場合に当社グループが用いる要件には以下のものがあります。

・発行体又は債務者の重大な財政的困難

・利息又は元本の支払不履行又は延滞などの契約違反

・借手の財政的困難に関連した経済的又は法的な理由による、そうでなければ当社グループが考えないような、借手への譲歩の供与

・借手が破産又は他の財務的再編成に陥る可能性が高くなったこと

・当該金融資産についての活発な市場が財政的困難により消滅したこと

金融資産の全体又は一部を回収するという合理的な予想を有していない場合は、当該金額を金融資産の帳簿価額から直接減額しております。以後の期間において損失評価引当金の変動は、減損利得又は減損損失として純損益に認識します。

③ 金融負債

(i) 当初認識及び測定

当社グループは、契約の当事者となった時点で金融負債を認識しております。金融負債は純損益を通じて公正価値で測定される金融負債と償却原価で測定される金融負債に分類しております。純損益を通じて公正価値で測定される金融負債は公正価値で当初測定しておりますが、償却原価で測定される金融負債は取得に直接起因する取引コストを公正価値から減算した金額で当初測定しております。

(ii) 事後測定

金融負債は、それぞれの分類に応じて以下のとおり事後測定しております。

(a) 純損益を通じて公正価値で測定される金融負債

期末日における公正価値で測定しております

(b) 償却原価で測定される金融負債

実効金利法による償却原価で測定しております。

(iii) 認識の中止

金融負債は，契約上の義務が免責，取消し又は失効した場合に認識を中止しております。

④　金融商品の相殺

　　金融資産及び金融負債は、認識された金額を相殺する法的に強制力のある権利を有しており、かつ、純額で決済するか、資産の実現と負債の決済を同時に実行する意図を有する場合にのみ相殺し、連結財政状態計算書において純額で表示しております。

⑤　デリバティブ及びヘッジ会計

　　デリバティブはデリバティブ契約を締結した日の公正価値で当初認識を行い、当初認識後は期末日ごとに公正価値で再測定を行っております。再測定の結果生じる利得又は損失の認識方法は、デリバティブがヘッジ手段として指定されているかどうか、また、ヘッジ手段として指定された場合にはヘッジ対象の性質によって決まります。

　　当社グループは一部のデリバティブについてキャッシュ・フロー・ヘッジ（認識されている資産もしくは負債に関連する特定のリスク又は可能性の非常に高い予定取引のヘッジ）のヘッジ手段として指定を行っており、一部の外貨建借入金及び外貨建社債については、在外営業活動体に対する純投資のヘッジ手段として指定を行っております。

　　当社グループは、取引開始時に、ヘッジ手段とヘッジ対象との関係並びにこれらのヘッジ取引の実施についてのリスク管理目的及び戦略について文書化しております。また、当社グループはヘッジ開始時及び継続的に、ヘッジ取引に利用したデリバティブ又はデリバティブ以外のヘッジ手段がヘッジ対象のキャッシュ・フロー又は在外営業活動体に対する純投資の為替の変動を相殺するために有効であるかどうかについての評価も文書化しております。

　　ヘッジの有効性は継続的に評価しており、ヘッジ対象とヘッジ手段との間に経済的関係があること、信用リスクの影響が経済的関係から生じる価値変動に著しく優越するものではないこと並びにヘッジ関係のヘッジ比率が実際にヘッジしているヘッジ対象及びヘッジ手段の数量から生じる比率と同じであることのすべてを満たす場合に有効と判定しております。

　　キャッシュ・フロー・ヘッジのヘッジ手段として指定され、かつ、その要件

を満たすデリバティブの公正価値の変動のうち有効部分は、その他の包括利益で認識しております。非有効部分に関する利得又は損失は、直ちに純損益として認識しております。

　その他の包括利益を通じて認識された利得又は損失の累積額は、ヘッジ対象から生じるキャッシュ・フローが純損益に影響を与える期に純損益に振り替えております。しかし、ヘッジ対象である予定取引が非金融資産（例えば、棚卸資産又は有形固定資産）の認識を生じさせるものである場合には、それまでその他の包括利益に繰り延べていた利得又は損失を振り替え、当該資産の当初の取得原価の測定に含めております。繰り延べていた金額は最終的には、棚卸資産の場合には売上原価として、また、有形固定資産の場合には減価償却費として認識されます。

　ヘッジ手段の失効又は売却等によりヘッジ会計の要件をもはや満たさなくなった場合には、将来に向かってヘッジ会計の適用を中止しております。ヘッジされた将来キャッシュ・フローがまだ発生すると見込まれる場合は、その他の包括利益に認識されている利得又は損失の累積額を引き続きその他の包括利益累計額として認識しております。予定取引の発生がもはや見込まれなくなった場合等は、その他の包括利益に認識していた利得又は損失の累積額を直ちに純損益に振り替えております。

　在外営業活動体に対する純投資の為替変動リスクをヘッジする目的で保有するデリバティブ及び借入金等のデリバティブ以外のヘッジ手段は、在外営業活動体に対する純投資のヘッジとして、為替変動額をヘッジ効果が認められる範囲内でその他の包括利益として認識しております。デリバティブ及びデリバティブ以外のヘッジ手段に係る為替変動額のうち、ヘッジの非有効部分及びヘッジ有効性評価の対象外の部分については純損益として認識しております。

　純投資ヘッジにより、その他の包括利益として認識した利得又は損失の累積額は、在外営業活動体の処分時に純損益に振り替えております。

（10）　現金及び現金同等物 ·······························

現金及び現金同等物は、手許現金、随時引き出し可能な預金及び容易に換金可

能であり、かつ価値の変動について僅少なリスクしか負わない取得日から3ヶ月以内に償還期限の到来する短期投資から構成されております。

（11） 棚卸資産 ....

棚卸資産は、取得原価と正味実現可能価額のいずれか低い額で認識しております。原価は、商品、製品及び半製品については主として総平均法、原材料及び貯蔵品については主として移動平均法を用いて算定しております。商品、製品及び半製品の取得原価は、原材料費、直接労務費、その他の直接費及び関連する製造間接費（正常生産能力に基づいている）から構成されます。正味実現可能価額は、通常の事業の過程における予想売価から関連する見積販売費を控除した額であります。

（12） 売却目的で保有する資産又は処分グループ ....

継続的な使用ではなく、売却により回収が見込まれる資産又は処分グループのうち、売却する可能性が非常に高く、かつ現在の状態で即時に売却可能である場合には、売却目的で保有する資産又は処分グループとして分類しております。売却目的で保有する資産又は処分グループの一部である資産は減価償却又は償却は行いません。売却目的で保有する資産又は処分グループは、帳簿価額と売却コスト控除後の公正価値のうち、いずれか低い方の金額で測定しております。

（13） 従業員給付 ....

① 退職後給付

グループ会社は、さまざまな年金制度を有しております。当社グループは確定給付制度を採用し、一部の連結子会社において退職給付信託を設定しております。当該制度に加えて、一部の連結子会社は確定拠出制度及び退職金前払制度を導入しております。

確定給付制度は、確定拠出制度以外の退職後給付制度であります。確定拠出制度は、雇用主が一定額の掛金を他の独立した企業に拠出し、その拠出額以上の支払について法的又は推定的債務を負わない退職後給付制度であります。

確定給付制度においては、制度ごとに、従業員が過年度及び当年度において

提供したサービスの対価として獲得した将来給付額を見積り、当該金額を割り引くことによって確定給付制度債務の現在価値を算定しております。確定給付制度債務の現在価値から制度資産の公正価値を控除した金額を確定給付負債（資産）として認識しております。確定給付制度債務は予測単位積増方式により算定しております。割引率は、将来の毎年度の給付支払見込日までの期間を基に割引期間を設定し、割引期間に対応した期末日時点の優良社債の市場利回りに基づき決定しております。制度への拠出金は、定期的な数理計算により算定し、通常、保険会社又は信託会社が管理する基金へ支払を行っております。

　計算の結果、当社グループにとって確定給付制度が積立超過である場合は、制度からの将来の払戻額又は制度への将来拠出額の減額の形で享受可能な経済的便益の現在価値を限度として確定給付資産を測定しております。経済的便益の現在価値の算定に際しては、当社グループの制度に対して適用されている最低積立要件を考慮しております。経済的便益については、それが制度存続期間内又は年金負債の決済時に実現可能である場合に、当社グループは当該経済的便益を享受することが可能であるとしております。

　当社グループは、確定給付制度から生じる確定給付負債（資産）の純額の再測定をその他の包括利益に認識し、直ちに利益剰余金に振り替えております。

　なお、確定拠出制度への拠出は、従業員がサービスを提供した期間に、従業員給付費用として純損益で認識しております。

② **短期従業員給付**

　短期従業員給付については、割引計算は行わず、関連するサービスが提供された時点で費用として認識しております。賞与については、当社グループが従業員から過去に提供された労働の結果として支払うべき現在の法的又は推定的債務を負っており、かつ、その金額を信頼性をもって見積ることができる場合に、それらの制度に基づいて支払われると見積られる額を負債として認識しております。

(14)　株式報酬 ··

従業員に付与される持分決済型の株式報酬の付与日における公正価値は、通常、その権利確定期間にわたり費用として認識し、同額を資本の増加として認識しております。ただし、付与した持分決済型の株式報酬の権利が直ちに確定する場合は、付与日に全額を費用及び資本の増加として認識しております。

　現金決済型の株式報酬の公正価値は、その権利確定期間にわたり費用として認識し、同額を負債の増加として認識しております。なお、報告日及び決済日において当該負債の公正価値を再測定し、公正価値の変動を純損益として認識しております。

（15）　引当金

　当社グループは過去の事象の結果として現在の法的又は推定的債務を有しており、当該債務を決済するために資源の流出が必要となる可能性が高く、その金額について信頼性をもって見積ることができる場合に引当金を認識しております。

　同種の債務が多数ある場合、決済に要するであろう資源の流出の可能性は同種の債務全体を考慮して決定しております。同種の債務のうちある一つの項目について流出の可能性が低いとしても、引当金は認識されます。

　引当金は、現時点の貨幣の時間価値の市場評価と当該債務に特有なリスクを反映した税引前の割引率を用いて、債務の決済に必要とされると見込まれる支出の現在価値として測定しております。時の経過による引当金の増加は利息費用として認識しております。

（16）　資本

　普通株式は資本に分類しております。

　新株（普通株式）又はストック・オプションの発行に直接関連する増分費用は資本から控除しております。

　当社グループ内の会社が当社の株式を買い入れる場合（自己株式）、当該株式が消却され又は再発行されるまで、支払われた対価は直接関連する増分費用（税引後）も含めて、当社の株主に帰属する資本から控除しております。その後、当該普通株式が再発行される場合、直接関連する増分費用及び関連する法人所得税

の税効果を考慮した後の受入対価を当社の株主に帰属する資本に認識します。

（17）　収益 ・・

　　当社グループは，下記の5ステップアプローチに基づき，収益を認識しております。
　　ステップ1：顧客との契約を識別する
　　ステップ2：契約における履行義務を識別する
　　ステップ3：取引価格を算定する
　　ステップ4：取引価格を契約における履行義務に配分する
　　ステップ5：企業が履行義務の充足時に収益を認識する
　　当社グループは、物品の販売については、通常は物品の引渡時点において顧客が当該物品に対する支配を獲得することから、履行義務が充足されると判断しており、当該物品の引渡時点で収益を認識しております。また、収益は、返品、リベート及び割引額を差し引いた純額で測定しております。
　　取引の対価は履行義務を充足してから主に1年以内に受領しているため、実務上の便法を使用し、重要な金融要素の調整は行っておりません。
　　顧客に約束した財を移転する前に、当社グループがその財を支配している場合には本人として取引を行っているものと考え、移転する特定された財と交換に権利を得ると見込んでいる取引の総額を収益として認識しております。

（18）　政府補助金 ・・

　　政府補助金は、補助金が交付されるための付帯条件が満たされ、かつ、補助金を受領することについて合理的な保証が得られた場合に認識されます。政府補助金は、補助金で補償することが意図されている関連コストが費用として認識される期間にわたって、規則的に純損益として認識されます。資産に関する政府補助金の場合には、繰延収益として認識され、関連資産の見積耐用年数にわたって均等に純損益に認識されます。公正価値により測定される非貨幣性資産による補助金も同様に処理されます。収益に関する補助金の場合には、関連する費用を認識した期に、その他の営業収益に含めて処理されます。

（19） 配当金 ···

当社の株主に対する配当のうち、期末配当は当社の株主総会により承認された日、中間配当は取締役会により承認された日の属する期間の負債として認識しております。

（20） 法人所得税 ···

法人所得税は当期税金及び繰延税金から構成されております。法人所得税は、収益又は費用として認識し当期の純損益に含めております。ただし、法人所得税が、その他の包括利益で認識される項目あるいは資本に直接認識される項目に関連する場合を除きます。この場合は、その税金もまた、その他の包括利益で認識あるいは資本において直接認識しております。

当期税金は、税務当局から還付もしくは税務当局に対する納付が予想される金額で測定され、税額の算定に使用する税率及び税法は、期末日で施行又は実質的に施行されている税法に基づき算定しております。

繰延税金は、資産及び負債の税務基準額と連結財政状態計算書上の帳簿価額との間に生じる一時差異に対して認識しております。ただし、のれんの当初認識により生じる一時差異については繰延税金負債を認識しておりません。また、企業結合ではなく、取引日に会計上の純損益にも課税所得（欠損金）にも影響を与えない取引における、資産又は負債の当初認識から生じる一時差異についても、繰延税金資産・負債を認識しません。繰延税金の算定には、期末日までに施行又は実質的に施行されており、関連する繰延税金資産が実現する期又は繰延税金負債が決済される期において適用されると予想される法定（及び税法）税率を使用しております。

繰延税金資産は、一時差異を利用できるだけの課税所得が生じる可能性が高い範囲内においてのみ認識しております。

子会社、関連会社に対する投資から生じる一時差異に対して繰延税金資産・負債を認識しておりますが、繰延税金負債については、当社グループが一時差異を解消する時期をコントロールしており、かつ、予測可能な期間内に当該一時差異が解消しない可能性が高い場合は繰延税金負債を認識しておりません。

当期税金資産と当期税金負債を相殺する法的に強制力のある権利が存在し、かつ、繰延税金資産及び負債が、同一の納税事業体に対して、同一の税務当局によって課されている法人所得税に関連するものである場合には、繰延税金資産及び負債は相殺されます。

　なお、当社及び国内の100％出資子会社は、1つの連結納税グループとして法人税の申告・納付を行う連結納税制度を適用しております。

5　重要な会計上の見積り及び判断 ……………………………………………

　連結財務諸表の作成において，経営者は，会計方針の適用並びに資産，負債，収益及び費用の報告額に影響を及ぼす判断，見積り及び仮定の設定を行っております。見積り及びその基礎となる仮定は継続して見直されます。会計上の見積りの見直しによる影響は，その見積りを見直した連結会計年度と将来の連結会計年度において認識されます。当連結会計年度末においては，新型コロナウイルス感染症の影響が来期以降も継続するものと仮定し，連結財務諸表の金額に重要な影響を与える見積り及び判断をしております。翌連結会計年度において資産や負債の帳簿価額に重要な修正を加えることにつながる重要なリスクを伴う見積り及びその基礎となる仮定は以下のとおりであります。

　・非金融資産の減損（注記11，12）

2　財務諸表等

（1）【財務諸表】・・・

①　【貸借対照表】

（単位：百万円）

	前事業年度 （2021年12月31日）	当事業年度 （2022年12月31日）
資産の部		
流動資産		
現金及び預金	20,485	5,524
短期貸付金	※1 213,643	※1 134,454
前払費用	1,334	550
未収入金	38,217	22,639
未収還付法人税等	456	0
その他	※1 149	※1 127
貸倒引当金	△3,757	－
流動資産合計	270,528	163,297
固定資産		
有形固定資産		
建物	17,068	15,269
構築物	388	357
機械及び装置	8	4
車両運搬具	0	0
工具、器具及び備品	956	493
土地	15,037	15,037
リース資産	1,661	28
建設仮勘定	5	0
有形固定資産合計	35,125	31,191
無形固定資産		
施設利用権	39	27
商標権	7,013	6,045
ソフトウエア	13,269	1,116
リース資産	60	－
その他	4	3
無形固定資産合計	20,386	7,191
投資その他の資産		
投資有価証券	12,455	6,656
関係会社株式	2,674,981	2,689,543
関係会社出資金	4,519	4,519
繰延税金資産	25,141	33,166
その他	2,682	518
貸倒引当金	△169	△167
投資その他の資産合計	2,719,611	2,734,237
固定資産合計	2,775,124	2,772,620
資産合計	3,045,652	2,935,917

	前事業年度 （2021年12月31日）	当事業年度 （2022年12月31日）
負債の部		
流動負債		
短期借入金	※1 172,270	※1 154,088
コマーシャル・ペーパー	105,000	110,000
1年内償還予定の社債	140,020	100,000
リース債務	608	10
未払金	2,199	3,500
未払費用	※1 9,605	※1 6,054
預り金	※1 206,198	※1 132,011
賞与引当金	455	223
役員賞与引当金	418	288
その他	1,096	6,479
流動負債合計	637,872	512,656
固定負債		
社債	1,029,832	1,022,714
長期借入金	145,820	103,400
リース債務	1,281	20
その他	1,097	1,090
固定負債合計	1,178,031	1,127,225
負債合計	1,815,904	1,639,882
純資産の部		
株主資本		
資本金	220,216	220,216
資本剰余金		
資本準備金	87,977	87,977
その他資本剰余金	106,533	106,533
資本剰余金合計	194,511	194,511
利益剰余金		
その他利益剰余金		
別途積立金	195,000	195,000
繰越利益剰余金	627,728	718,748
利益剰余金合計	822,728	913,748
自己株式	△923	△1,178
株主資本合計	1,236,533	1,327,297
評価・換算差額等		
その他有価証券評価差額金	1,882	2,094
繰延ヘッジ損益	△8,667	△33,356
評価・換算差額等合計	△6,785	△31,262
純資産合計	1,229,747	1,296,035
負債純資産合計	3,045,652	2,935,917

② 【損益計算書】

（単位：百万円）

	前事業年度 （自 2021年1月1日 至 2021年12月31日）	当事業年度 （自 2022年1月1日 至 2022年12月31日）
営業収益		
グループ運営収入等	39,083	30,326
不動産賃貸収入	1,711	1,829
関係会社受取配当金	169,264	140,033
営業収益合計	※1 210,060	※1 172,189
営業費用	※1,※2 37,461	※1,※2 22,225
営業利益	172,598	149,963
営業外収益		
受取利息及び配当金	※1 1,287	※1 583
為替差益	107	1,150
貸倒引当金戻入額	954	3,757
その他	389	205
営業外収益合計	2,738	5,697
営業外費用		
支払利息	※1 7,414	※1 6,683
社債発行費	1,178	268
貸倒引当金繰入額	558	－
その他	294	237
営業外費用合計	9,445	7,189
経常利益	165,891	148,471
特別利益		
投資有価証券売却益	※4 1,959	※4 11
その他	－	63
特別利益合計	1,959	75
特別損失		
固定資産除売却損	※3 153	※3 147
投資有価証券売却損	3,932	1,030
関係会社株式評価損	※5 874	－
関係会社債権放棄損	1,121	－
事業構造改善費用	1,944	113
その他	125	－
特別損失合計	8,151	1,291
税引前当期純利益	159,700	147,254
法人税、住民税及び事業税	△4,358	42
法人税等調整額	△9,515	442
法人税等合計	△13,874	485
当期純利益	173,574	146,769

③ 【株主資本等変動計算書】

前事業年度(自　2021年1月1日　至　2021年12月31日)

（単位：百万円）

	株主資本						
	資本金	資本剰余金			利益剰余金		
		資本準備金	その他資本剰余金	資本剰余金合計	その他利益剰余金		利益剰余金合計
					別途積立金	繰越利益剰余金	
当期首残高	220,216	87,977	106,533	194,511	195,000	508,383	703,383
当期変動額							
剰余金の配当						△54,230	△54,230
当期純利益						173,574	173,574
自己株式の取得							
自己株式の処分			0	0			
株主資本以外の項目の当期変動額（純額）							
当期変動額合計	－	－	0	0	－	119,344	119,344
当期末残高	220,216	87,977	106,533	194,511	195,000	627,728	822,728

	株主資本		評価・換算差額等			純資産合計
	自己株式	株主資本合計	その他有価証券評価差額金	繰延ヘッジ損益	評価・換算差額等合計	
当期首残高	△1,031	1,117,079	△458	△3,085	△3,543	1,113,536
当期変動額						
剰余金の配当		△54,230				△54,230
当期純利益		173,574				173,574
自己株式の取得	△26	△26				△26
自己株式の処分	134	135				135
株主資本以外の項目の当期変動額（純額）			2,340	△5,581	△3,241	△3,241
当期変動額合計	108	119,453	2,340	△5,581	△3,241	116,211
当期末残高	△923	1,236,533	1,882	△8,667	△6,785	1,229,747

当事業年度(自　2022年1月1日　至　2022年12月31日)

（単位：百万円）

	株主資本						
	資本金	資本剰余金			利益剰余金		
		資本準備金	その他資本剰余金	資本剰余金合計	その他利益剰余金		利益剰余金合計
					別途積立金	繰越利益剰余金	
当期首残高	220,216	87,977	106,533	194,511	195,000	627,728	822,728
当期変動額							
剰余金の配当						△55,750	△55,750
当期純利益						146,769	146,769
自己株式の取得							
自己株式の処分			0	0			
株主資本以外の項目の当期変動額（純額）							
当期変動額合計	−	−	0	0	−	91,019	91,019
当期末残高	220,216	87,977	106,533	194,511	195,000	718,748	913,748

	株主資本		評価・換算差額等			純資産合計
	自己株式	株主資本合計	その他有価証券評価差額金	繰延ヘッジ損益	評価・換算差額等合計	
当期首残高	△923	1,236,533	1,882	△8,667	△6,785	1,229,747
当期変動額						
剰余金の配当		△55,750				△55,750
当期純利益		146,769				146,769
自己株式の取得	△263	△263				△263
自己株式の処分	8	8				8
株主資本以外の項目の当期変動額（純額）			211	△24,688	△24,476	△24,476
当期変動額合計	△255	90,764	211	△24,688	△24,476	66,287
当期末残高	△1,178	1,327,297	2,094	△33,356	△31,262	1,296,035

【注記事項】
（重要な会計方針）

1 有価証券の評価基準及び評価方法 ·································

（1） 子会社株式及び関連会社株式 ·······························
移動平均法に基づく原価法

（2） その他有価証券 ···
市場価格のない株式等以外のもの
時価法
（評価差額は全部純資産直入法により処理し，売却原価は移動平均法により
算定）
市場価格のない株式等
移動平均法に基づく原価法

2 デリバティブの評価基準及び評価方法 ·······························
時価法

3 固定資産の減価償却の方法 ·······································

（1） 有形固定資産（リース資産を除く）···························
定額法を採用しております。
　なお，耐用年数につきましては，法人税法に規定する方法と同一の基準によっ
ております。

（2） 無形固定資産（リース資産を除く）···························
定額法を採用しております。
　なお，耐用年数につきましては，法人税法に規定する方法と同一の基準によっ
ております。ただし，ソフトウエア（自社利用分）につきましては，社内におけ
る利用可能期間（5年）に基づき，また，商標権につきましては，主として20年
の定額法により償却しております。

(3) リース資産 ....

所有権移転外ファイナンス・リース取引に係るリース資産につきましては，リース期間を耐用年数とし，残存価額を零とする定額法を採用しております。

4 引当金の計上基準 ....
(1) 貸倒引当金 ....

債権の貸倒れによる損失に備えるため，一般債権につきましては貸倒実績率により，貸倒懸念債権等特定の債権につきましては個別に回収可能性を検討し，回収不能見込額を計上しております。

(2) 賞与引当金 ....

従業員の賞与の支給に充てるため，支給見込額のうち，当事業年度に対応する見積額を計上しております。

(3) 役員賞与引当金 ....

役員の賞与の支給に充てるため，支給見込額のうち，当事業年度に対応する見積額を計上しております。

5 ヘッジ会計の方法 ....
(1) ヘッジ会計の方法 ....

繰延ヘッジによって行うこととしております。

なお，為替予約及び通貨スワップにつきましては，振当処理の要件を満たしている場合は振当処理を行っております。また，金利スワップにつきましては，特例処理の要件を満たしている場合には特例処理を行っております。

(2) ヘッジ手段とヘッジ対象 ....

ヘッジ手段…為替予約，金利スワップ，通貨スワップ，外貨建借入金，外貨建社債，先渡契約

ヘッジ対象…外貨建予定取引，外貨建貸付金，借入金利息，外貨建社債，

在外子会社への投資，外貨建有価証券

(3)　ヘッジ方針 ···

　　デリバティブは，為替相場変動や金利変動のリスク回避，資金調達コストの削減を目的として利用しており，実需に基づかない投機目的の取引及びレバレッジ効果の高いデリバティブは行わない方針であります。

(4)　ヘッジの有効性の評価 ···

　　ヘッジの有効性につきましては，ヘッジ手段とヘッジ対象について，相場変動額をヘッジ期間全体にわたり比較し，評価しております。なお，振当処理及び特例処理を採用しているものにつきましては，その判定をもってヘッジの有効性の判定に代えております。

6　収益及び費用の計上基準 ···

当社は，下記の5ステップアプローチに基づき，収益を認識しております。

ステップ1：顧客との契約を識別する

ステップ2：契約における履行義務を識別する

ステップ3：取引価格を算定する

ステップ4：取引価格を契約における履行義務に配分する

ステップ5：企業が履行義務の充足時に収益を認識する

　　当社は，主に，当社グループの経営方針，経営戦略，経営資源配分方針を策定し，子会社に対しそれらの実施のために必要な指導等を行うとともに，当社グループの総合的なブランド価値及び総合力を高めるための諸施策を実施しています。経営指導及び当社グループのブランド価値や総合力に依拠した便益を子会社に提供すること等を履行義務として識別しております。当該履行義務は顧客に対し契約に基づくサービスを提供することにより充足されるため，サービスを提供する期間にわたり収益を認識しています。

　　また，当該対価は1年以内に回収しており，重要な金融要素や変動対価は含んでおりません。

7　その他財務諸表作成のための重要な事項 ‥‥‥‥‥‥‥‥‥‥‥‥‥‥‥

(1)　連結納税制度の適用 ‥‥‥‥‥‥‥‥‥‥‥‥‥‥‥‥‥‥‥‥‥‥‥‥‥‥

連結納税制度を適用しております。

(2)　連結納税制度からグループ通算制度への移行に係る税効果会計の適用 ‥‥‥

当社は，翌事業年度から，連結納税制度からグループ通算制度へ移行すること
となります。ただし，「所得税法等の一部を改正する法律」（令和2年法律第8号）
において創設されたグループ通算制度への移行及びグループ通算制度への移行に
あわせて単体納税制度の見直しが行われた項目については，「連結納税制度から
グループ通算制度への移行に係る税効果会計の適用に関する取扱い」（実務対応
報告第39号　2020年3月31日）第3項の取扱いにより，「税効果会計に係る会
計基準の適用指針」（企業会計基準適用指針第28号　2018年2月16日）第44
項の定めを適用せず，繰延税金資産及び繰延税金負債の額について，改正前の税
法の規定に基づいております。

なお，翌事業年度の期首から，グループ通算制度を適用する場合における法人
税及び地方法人税並びに税効果会計の会計処理及び開示の取扱いを定めた「グ
ループ通算制度を適用する場合の会計処理及び開示に関する取扱い」（実務対応
報告第42号　2021年8月12日）を適用する予定であります。

（会計方針の変更）

（収益認識に関する会計基準等の適用）

当社は，「収益認識に関する会計基準」（企業会計基準第29号　2020年3月
31日）及び「収益認識に関する会計基準の適用指針」（企業会計基準適用指針第
30号　2021年3月26日）を当事業年度の期首から適用し，約束した財又はサー
ビスの支配が顧客に移転した時点で，当該財又はサービスと交換に受け取ると見
込まれる金額で収益を認識することとしました。

この基準の適用による，財務諸表に与える影響はありません。

なお，収益認識会計基準第89-3項に定める経過的な取扱いに従って，前事業
年度に係る「収益認識関係」注記については記載しておりません。

（時価の算定に関する会計基準等の適用）

　当社は，「時価の算定に関する会計基準」（企業会計基準第30号　2019年7月4日。以下「時価算定会計基準」という。）等を当事業年度の期首から適用し，時価算定会計基準第19項及び「金融商品に関する会計基準」（企業会計基準第10号　2019年7月4日）第44-2項に定める経過的な取扱いに従って，時価算定会計基準等が定める新たな会計方針を将来にわたって適用することといたしました。

　これにより，その他有価証券のうち市場価格のない株式等以外の株式については，従来，期末決算日前1ヶ月の市場価格等の平均に基づく時価法を採用しておりましたが，当事業年度より，期末決算日の市場価格等に基づく時価法に変更しております。

　この結果，当事業年度の財務諸表に与える影響は軽微であります。

（重要な会計上の見積り）

　会計上の見積りは，財務諸表作成時に入手可能な情報に基づいて合理的な金額を算出しております。当事業年度の財務諸表に計上した金額が会計上の見積りによるもののうち，翌事業年度の財務諸表に重要な影響を及ぼすリスクが有る項目は以下の通りです。

1　市場価格のない関係会社株式の評価

(1)　当事業年度の貸借対照表に計上した金額 ·······································

　関係会社株式2,689,543百万円（前事業年度：2,674,981百万円）が計上されております。これには，Asahi Holdings（Australia）Pty Ltd株式1,340,416百万円（前事業年度：1,340,416百万円）が含まれております。

(2)　会計上の見積りの内容について財務諸表利用者の理解に資するその他の情報

　市場価格のない関係会社株式は，当該株式の発行会社の財政状態の悪化により実質価額が著しく低下したときには，回復可能性が十分な証拠によって裏付けられる場合を除いて，評価損を認識しております。

また，一部の関係会社株式 は，超過収益力を反映して実質価額を算定しており，Asahi Holdings（Australia）Pty Ltd株式の評価にあたっては，オセアニア事業の超過収益力等を反映して実質価額を算定しております。

　この超過収益力の評価に関連して，連結財務諸表上，当該のれんについて，年次の減損テストが行われております。詳細については，「第5　経理の状況　1　連結財務諸表等　(1)連結財務諸表　連結財務諸表注記　12　のれん及び無形資産　(2)減損」をご参照ください。

　上記の結果，当事業年度末において，同社の超過収益力等を反映した実質価額が著しく低下している状況にはないことから，評価損は認識しておりません。

　なお，Asahi Holdings（Australia）Pty Ltd株式の実質価額の見積りにおける主要な仮定は，連結財務諸表の作成における減損テストに用いる回収可能価額の見積りの仮定と同一であります（「第5　経理の状況　1　連結財務諸表等　(1)連結財務諸表　連結財務諸表注記　12　のれん及び無形資産　(2)減損」をご参照ください）。

　これらの仮定の見直しが必要となった場合，翌事業年度において，評価損が生じる可能性があります。

第2章

食品・飲料業界の"今"を知ろう

企業の募集情報は手に入れた。しかし，それだけでは
まだ不十分。企業単位ではなく，業界全体を俯瞰する
視点は，面接などでもよく問われる重要ポイントだ。
この章では直近1年間の運輸業界を象徴する重大
ニュースをまとめるとともに，今後の展望について言
及している。また，章末には運輸業界における有名企
業（一部抜粋）のリストも記載してあるので，今後の就
職活動の参考にしてほしい。

▶▶「おいしい」を，お届け。

食品・飲料 業界の動向

　「食品」は私たちの暮らしに関わりの深い業界で，調味料，加工食品，菓子，パン，飲料など，多様な製品がある。食品に関する分野は多彩だが，人口減少の影響で国内の市場は全体に縮小傾向にある。

❖ 加工食品の動向

　2022年の国内の加工食品市場規模は，30兆2422億円となった（矢野経済研究所調べ）。また，同社の2026年の予測は31兆984億円となっている。外食産業向けが回復傾向にあることに加え、食品の価格が値上がりしていることで市場規模は拡大する見込みである。

　食べ物は人間の生活に欠かせない必需品のため，食品業界は景気変動の影響を受けにくいといわれる。しかし，日本は加工食品の原料の大部分を輸入に頼っており，為替や相場の影響を受けやすい。一例を挙げると，小麦は9割が輸入によるもので，政府が一括して購入し，各社に売り渡される。大豆の自給率も7％で9割以上を輸入で賄っており，砂糖の原料もまた6割強を輸入に頼っている。そのため，2022年は未曾有の値上げラッシュとなった。2023年度も原料高に加えて人件費の上昇も加算。帝国データバンクによると主要195社の食品値上げは2万5768品目だったことに対し，2023年は年間3万品目を超える見通しとなっている。近年の物流費や人件費の高騰もあり，食品メーカーは，AI・IoT技術を活用した生産体制の合理化によるコストの低減や，値上げによる買い控えに対抗するため「利便性」や「健康志向」など付加価値のある商品の開発を進めている。また，グローバル市場の取り込みも急務で，各国市場の特性を踏まえながら，スピード感を持って海外展開を進めていくことが求められる。

●「利便性」や「健康志向」などをアピールする高付加価値商品

　利便性については，単身世帯の増加や女性の就業率上昇に伴い，簡単に調理が可能な食品の需要が増えている。そんな事情から，カットされた食材や調味料がセットになって宅配されるサービス「ミールキット」の人気が高まっている。2013年にサービスが始まったオイシックスの「Kit Oisix」は，2019年には累計出荷数は4000万食を超えてた。ヨシケイのカフェ風でおしゃれな「Lovyu（ラビュ）」の販売数は2016年5月の発売から1年間で700万食を突破した。また，日清フーズが手がける小麦粉「日清 クッキング フラワー」は，コンパクトなボトルタイプで少量使いのニーズに応え，累計販売数2600万個という異例のヒットとなった。

　健康については，医療費が増大している背景から，政府も「セルフメディケーション」を推進している。2015年4月には消費者庁によって，特定保健用食品（トクホ）・栄養機能食品に続く「機能性表示食品」制度がスタートした。トクホが消費者庁による審査で許可を与えられる食品であるのに対して，機能性表示食品はメーカーが科学的根拠を確認し，消費者庁に届け出ることで，機能性が表示できるという違いがある。同制度施行後，機能性をうたった多くの商品が登場し，2020年6月時点での届出・受理件数は3018件となっている。日本初の機能性表示食品のカップ麺となったのは，2017年3月に発売されたエースコックの「かるしお」シリーズで，減塩率40％，高めの血圧に作用するGABAを配合している。機能性表示はないものの，糖質・脂質オフで爆発的ヒットとなったのは，日清食品の「カップヌードルナイス」で，2017年4月の発売からわずか40日で1000万個を突破し，日清史上最速記録となった。そのほか，「内臓脂肪を減らす」をアピールした雪印メグミルクの「恵megumiガセリ菌SP株ヨーグルト」や「情報の記憶をサポート」とパッケージに記載したマルハニチロの「DHA入りリサーラソーセージ」も，売上を大きく伸ばしている。

　人口減の影響で売上の大きな増加が難しい国内では，商品の価値を上げることで利益を出す方針が重要となる。多少価格が高くとも，特定の健康機能を訴求した商品などはまさにそれに当たる。時代のニーズに剃った商品開発が継続して求められている。

●政府も後押しする，海外展開

　景気動向に左右されにくいといわれる食品業界だが，少子高齢化の影響で，国内市場の縮小は避けられない。しかし，世界の食品市場は拡大傾向

にある。新興国における人口増加や消費市場の広がりにより，2009年には340兆円だった市場規模が，2030年には1,360兆円に増加すると推察されていた（農林水産省調べ）。それに向けて政府は，世界の食品市場で日本の存在感を高めるための輸出戦略を策定した。これは，日本食材の活用推進（Made From Japan），食文化・食産業の海外展開（Made By Japan），農林水産物・食品の輸出（Made In Japan）の3つの活動を一体的に推進するもので，それぞれの頭文字をとって「FBI戦略」と名づけられた。この戦略のもと，2014年に6117億円であった日本の農林水産物・食品の輸出額を，2020年に1兆円に増やしていくことが目標となっていた。

　政府の施策を背景に，食品メーカーもまた，海外での事業拡大を進めている。キッコーマンはすでに営業利益の7割超を海外で稼ぎ出している。日清オイリオグループとカゴメも，海外比率が約20％である。カゴメは2016年，トマトの栽培技術や品種改良に関する研究開発拠点をポルトガルに設け，世界各地の天候や地質に合った量産技術を確立を目指している。1993年から中国に進出しているキユーピーも，2017年に上海近郊の新工場が稼働させた。日清製粉グループは，米国での小麦粉の生産能力を拡大するため，2019年にミネソタ州の工場を増設した。

　海外における国内メーカーの動きに追い風となっているのが，海外での健康志向の広がりである。これまでジャンクフード大国だった米国でも，ミレニアル世代と呼ばれる若年層を中心にオーガニック食品やNon-GMO（遺伝子組み換えを行っていない食品），低糖・低カロリー食品がブームになっている。2013年にユネスコの無形文化遺産に登録された和食には「健康食」のイメージがあり，健康志向食品においては強みとなる。味の素は，2017年，米国の医療食品会社キャンブルックを買収し，メディカルフード市場へ参入した。付加価値の高い加工食品，健康ケア食品，サプリメントなどを同社のプラットフォームに乗せて展開することを意図したものと思われる。

　2020年は新型コロナ禍により内食需要が高まり，家庭で簡単に調理できる乾麺や，時短・簡便食品，スナック類の売上が大きく伸びた。その一方でレストランなど業務用に商品を展開してきた企業にとっては需要の戻りがいまだ見込めていない。企業の強みによって明暗が分かれた形だが，今後健康志向などの新しいニーズに，いかに素早くこたえられるかがカギとなってくると思われる。

❖ パン・菓子の動向

2022年のパンの生産量は，前年比微減の124万7620となっている。製パン各社も原材料高で主力製品を2年連続で値上げをしている。

食生活の変化に伴って，パンの需要は年々拡大しており2011年にはパンの支出がコメを上回ったが，2018年は夏場の気温上昇で伸び悩んだ。製パン業界では，供給量を増やす企業が増えている。山崎製パンは約210億円を投じて，国内で28年ぶりに工場を新設し，2018年2月から操業を開始している。2016年には，ナビスコとのライセンス契約終了で1970年から続いた「リッツ」や「オレオ」の製造販売が終了したが，好調な製パン部門に注力して利益を確保している。

菓子の分野では，原材料や素材にこだわり，プレミアム感を打ち出した高価格商品に人気が集まっている。明治が2016年9月にリニューアル発売した「明治 ザ・チョコレート」は，産地ごとのプレミアムなカカオ豆を使い，豆の生産から製造まで一貫した工程でつくられた板チョコだが，通常の2倍の価格ながら，約1年間で3000万枚というヒットにつながっている。湖池屋は，国産じゃがいもを100％使用した高級ポテトチップス「KOIKEYA PRIDE POTATO」を発売した。これは2017年2月の発売直後から大ヒットとなり，2カ月で売上が10億円を突破，半年で初年度目標の20億円を超えている。

●パンにも波及する安全性への取り組み

2018年6月，米国食品医薬品局（FDA）が，トランス脂肪酸を多く含むマーガリン，ショートニングといった部分水素添加油脂（硬化油）について，食品への使用を原則禁止にする発表を行った。トランス脂肪酸規制の動きは世界的に急速に強まっており，日本では規制はされていないものの，自主的にトランス脂肪酸の低減化に乗り出す食品メーカー，含有量を表示するメーカーも出ている。製パン業界最大手の山崎製パンも全製品でトランス脂肪酸を低減したと自社ホームページで告知を行っている。

トランス脂肪酸の低減にあたっては，別の健康リスクを高めないように安全性にも注意する必要がある。トランス脂肪酸が多く含まれる硬化油脂を，別の硬い性質を持つ油脂（たとえばパーム油など）に代替すれば，トランス脂肪酸は低減できるが，日本人が摂りすぎ傾向にある飽和脂肪酸の含有量

を大幅に増加させてしまう可能性もある。米国農務省（USDA）は，食品事業者にとってパーム油はトランス脂肪酸の健康的な代替油脂にはならないとする研究報告を公表している。

● 8000億円に迫る乳酸菌市場

　加工食品と同様，菓子の分野でも，健康を意識した商品が増えている。とくに，明治の「R-1」をはじめとする機能性ヨーグルトは，各社が開発競争を激化させており，乳酸菌応用商品の市場規模が，2021年には7784億円となった（TPCマーケティングリサーチ調べ）。そういったなか，森永乳業が発見した独自素材「シールド乳酸菌」が注目を集めている。「シールド乳酸菌」は，免疫力を高めるヒト由来の乳酸菌で，森永乳業が保有する数千株の中から2007年に発見された。これを9年かけて商品化した森永製菓の「シールド乳酸菌タブレット」は「食べるマスク」というキャッチフレーズのインパクトもあり，2016年9月の発売から1カ月で半年分の売り上げ目標を達成した。森永乳業の登録商標であるが，他社からの引き合いも多く，永谷園のみそ汁や吉野家のとん汁など，シールド乳酸菌を導入した企業は100社を超える。その結果，森永乳業のBtoB事業の営業利益率は大きく向上した。

　キリンも2017年9月，独自開発した「プラズマ乳酸菌」を使った商品の展開を発表した。清涼飲料水やサプリメントのほか，他社との連携も始め，10年後に乳酸菌関連事業で230億円の売上高を目指す。

❖ 飲料の動向

　清涼飲料は，アルコール分が1％未満の飲料で，ミネラルウォーターや炭酸飲料，コーヒー，茶系飲料などが含まれる。全国清涼飲料工業会によれば，2022年の清涼飲料の生産量は2272万klと微増。新型コロナウイルスの影響による売上高が急減からの復調し，ネット通販も好調だ。感染リスクを懸念して重量のある飲料をまとめ買いする需要が拡大した。

　コロナ禍が追い風となったのは，乳酸菌飲料や無糖飲料といった，健康志向にマッチした商品だ。ヤクルトとポッカサッポロは2021年に植物性食品開発に向けた業務提携協議開始を発表した。また，キリンビバレッジは「iMUSE」などヘルスケア志向商品の強化を進めている。

●女性ニーズで注目のスープ系飲料

　飲料分野で注目を集めているのがスープ系飲料である。ワーキング・ウーマンをメインターゲットに，甘くなく，小腹を満たしたいニーズや，パンとあわせてランチにするニーズが増えており，自動販売機やコンビニエンスストアなどで，各社から新製品の発売が続いている。全国清涼飲料連合会の調べでは，2017年のドリンクスープの生産量は，2013年比43％増の3万2800klで4年連続で増加している。

　スープ飲料のトップシェアは，ポッカサッポロフード＆ビバレッジで，定番の「じっくりコトコト　とろ～りコーン」や「同オニオンコンソメ」に加え，2018年秋には「濃厚デミグラススープ」をラインナップに追加した。サントリー食品インターナショナルは，9月よりスープシリーズの「ビストロボス」の発売を全国の自動販売機で開始。キリンビバレッジも6月から「世界のkitchenから　とろけるカオスープ」を販売している。また，伊藤園は既存のみそ汁や野菜スープに追加して「とん汁」を発売，永谷園はJR東日本ウォータービジネスと共同開発したコラーゲン1000mg配合の「ふかひれスープ」をJR東日本の自動販売機で販売している。スムージーが好調なカゴメも販売地域は1都6県に限定しているが「野菜生活100　スムージー」シリーズとして10月より「とうもろこしのソイポタージュ」と「かぼちゃとにんじんのソイポタージュ」の販売を開始した。

❖ 酒類の動向

　国内大手4社によるビール類の2022年出荷量は，3億4000万ケース（1ケースは大瓶20本換算）で前年増。2023年10月の酒税改正で減税となるビールに追い風が吹いている。酒税法改正で，「アサヒスーパードライ」「キリン一番搾り」「サントリー生ビール」「サッポロ生ビール黒ラベル」などの主力缶製品が値下げ。となる見込みだ。

　2023年はコロナも開け，飲食店向けの業務用ビールは復調傾向にあるが，原材料の高騰もあり今回の改訂の恩恵は少ない。2022年に続き2023年も値上げされることになった。

●大手各社，積極的な海外進出もコロナが影を落とす

　酒類業界でもまた，海外市場を目指す動きが顕著になっている。国税庁

の発表では，2020年の国産酒類の輸出金額は前年比7.5％増の約710億円で，9年連続で過去最高。国内市場に縮小傾向が見える状況もあり，国内各社も，国産の輸出だけでなく，海外での製造・販売も含め，活動を活発化させている。

　2016年10月，「バドワイザー」や「コロナ」で知られるビール世界最大手アンハイザー・ブッシュ・インベブ（ベルギー）が，同2位の英SABミラーを約10兆円で買収し，世界シェアの3割を占める巨大企業が誕生した。同社は独占禁止法に抵触するのを避けるため，一部の事業を売却し，2016年から17年にかけて，アサヒがイタリアやオランダ，チェコなど中東欧のビール事業を総額約1兆2000億円で買収した。サントリーは2014年，米国蒸留酒大手ビーム社を1兆6500億円で買収し，相乗効果の創出を急いでいる。キリンは海外展開に苦戦しており，約3000億円を投じたブラジル事業を2017年に770億円でハイネケンに売却した。ただ，同年2月にはミャンマーのビール大手を買収し，すでに取得していた現地企業と合わせて，ミャンマーでの市場シェア9割を手中に収めている。また，ベトナムのビール事業で苦戦しているサッポロも，2017年に米国のクラフトビールメーカーであるアンカー・ブリューイング・カンパニーを買収した。同社のSAPPORO PREMIUM BEERは米国ではアジアビールブランドの売上トップであり，さらにクラフトビールを加えることで売上増を目指している。

　2020年は新型コロナウイルスの流行による影響で，飲食店で消費されるビールが減り，家庭で多く飲まれる第三のビールの販売量が増えた。在宅勤務や外出自粛などで運動不足になりがちな消費者が健康志向で発泡酒を求める動きもでてきている。

食品・飲料業界

直近の業界各社の関連ニュースを
ななめ読みしておこう。

食品値上げ一服、日用品は一段と　メーカー100社調査

消費財メーカー各社の値上げに一服感が漂っている。食品・日用品メーカーを対象に日経MJが10～11月に実施した主力商品・ブランドの価格動向調査で、今後1年に値上げの意向を示した企業は51％と前回調査を11ポイント下回った。価格転嫁は進むものの販売量が減少。販路別の販売量では5割の企業がスーパー向けが減ったと回答した。

調査では今後1年間の値付けの意向について聞いた。値上げを「予定」「調整」「検討」すると回答した企業が全体の51％だった。3～4月に実施した第1回調査からは24ポイント以上低下している。今回「値上げを予定」と回答した企業は22％と、前回調査を14ポイント下回った。

一方、価格を「変える予定はない」とした企業は6ポイント増の22％となった。値下げを「予定」「調整」「検討」と回答する企業は前回調査で1％だったが、今回は5％となった。直近3カ月で値上げした企業の割合は42％と、前回を9ポイント下回る。一方で「変えていない」とした企業は10ポイント増え59％となった。

値上げの一服感が顕著なのがここ2年ほど値上げを進めてきた食品各社。今後1年間の間に値上げを「予定」「調整」「検討」すると回答した企業の割合は計48％と、前回調査を10ポイント以上下回った。

こうした動きの背景の一つは消費者の値上げへの抵抗感が強まっていることだ。2021年以降に値上げした主力商品・ブランドについて「販売量は減った」と回答した企業は前回調査とほぼ同等の56％。値上げ前と比べ数量ベースで苦戦が続いている企業が多い状況がうかがえる。

「数量減があり、期待したほどの売り上げ増にはなっていない」と吐露するのはキッコーマンの中野祥三郎社長。同社は主力のしょうゆ関連調味料などを4月と8月に断続的に値上げした。収益改善効果を期待したが、国内の同調味料の

4〜9月の売上高は前年同期比1.2%減となった。

今後については少しずつ値上げが浸透し数量ベースでも回復するとみるものの「食品業界全体で値上げが起こっているので、どうしても節約志向の面も出ている」と打ち明ける。

23年初めに家庭用・業務用の冷凍食品を最大25%値上げした味の素。同社によると、冷凍ギョーザ類では値上げ以降にそのシェアは13ポイント減の31%となり、1位の座を「大阪王将」を展開するイートアンドホールディングス（HD）に譲り渡すことになった。

実際、調査で聞いた「消費者の支出意欲」のDI（「高くなっている」から「低くなっている」を引いた指数）は前回から8ポイント悪化しマイナス16となった。3カ月後の業況見通しも7ポイント低下のマイナス11となり、前回調査と比べても消費者の財布のひもが固くなっている状況もうかがえる。

そんな節約意識の高まりで再び脚光を浴びているのが小売各社のPBだ。都内在住の40代の主婦は「同じようなものであればいいと、値ごろなPB（プライベートブランド）品を買う機会も増えてきた」と話す。

調査では、出荷先の業態ごとに1年前と比べた販売量の状況を聞いた。ドラッグストアとコンビニエンスストア向けは「変わらない」が最も多かったのに対し、食品スーパーや総合スーパー（GMS）は「減った」が最多となった。

実際、スーパー各社では売り上げに占めるPBの比率が増えている。ヤオコーはライフコーポレーションと共同開発した「スターセレクト」などが好調。23年4〜9月期のPB売上高は前年同期比10%増となった。小売大手では、イオンが生鮮品を除く食品PBの半分の刷新を計画するなど需要獲得へ動きは広がる。

自社のブランドに加えてPBも生産する企業の思いは複雑だ。ニチレイの大櫛顕也社長は「開発コストなどを考えるとPBの方が有利な面もある」とする。一方で「収益性のよいものもあるが、相手先が終売を決めたとたんに収益がゼロになるリスクがある。ブランドを育てて展開する自社製品と異なる点だ」と語る。

一方で、値上げ局面が引き続き続くとみられるのが、日用品業界だ。食品より遅く22年前半頃から値上げを始めたこともあり、今回の調査では5割の企業が今後1年で値上げの意向を示した。食品メーカーを上回り、前回調査を17ポイント上回った。値上げを「予定」する企業に限ると前回調査はゼロだったが、今回は2割に増えた。

新型コロナウイルスによる社会的制約が一服したことから、外出機会が増加。それに伴い日用品業界は大手各社が主力とする洗剤や日焼け止め関連商品など

の需要が高まっており、他業界と比べ価格を引き上げやすい局面が続く。

値上げに積極的なのは最大手の花王。原材料高により22～23年にかけて510億円と見込むマイナス影響のうち480億円を値上げでカバーする計画だ。UVケアなどを手掛ける事業は値上げしたものの数量ベースでも伸ばした。

エステーは「消臭力」の上位ランクに位置づけるシリーズで寝室向けの商品を発売。従来品の8割近く高い価格を想定している。

消費の減退が浮き彫りになる一方で原材料価格の見通しは不透明感を増している。食品・日用品各社のうち、仕入れ価格上昇が「24年7月以降も続く」と回答した企業は32%と、前回調査での「24年4月以降」を13ポイント下回った。一方で大きく増えたのが「わからない」の59%で、前回から18ポイント増加した。

J-オイルミルズの佐藤達也社長は「正直この先の原料価格の見通しを正確に読むことは私たちのみならずなかなかできないのではないか」と打ち明ける。不透明感が増す原材料価格も、企業の値上げへの考え方に影響を及ぼしている。

ただ、ここ2年で進んできた値上げは着実に浸透している。主力商品・ブランドのコスト上昇分を「多少なりとも価格転嫁できている」と回答した企業は9割を超え引き続き高水準だった。実勢価格について「想定通り上昇し、その価格が維持している」と回答した企業は56%で前回調査を8ポイント上回った。

茨城県在住の40代の主婦は「全体的に物価は上がってきている。高い金額に慣れてきてしまうのかなとも思う」と話す。メーカーと消費者心理の難しい駆け引きは続く。　　　　　　　　　　　（2023年12月2日　日本経済新聞）

マルコメなど、日本大豆ミート協会設立　市場拡大目指す

味噌製造大手のマルコメなど5社は24日、東京都内で「日本大豆ミート協会」の設立記者会見を開いた。大豆を原料に味や食感を肉に近づけた食品の普及を担う。2022年に制定された大豆ミートの日本農林規格（JAS）の見直しなど、業界のルール作りも進める。

同協会は9月1日設立で、マルコメのほか大豆ミート食品を販売するスターゼン、伊藤ハム米久ホールディングス、日本ハム、大塚食品が加盟する。会長はマルコメの青木時男社長、副会長はスターゼンの横田和彦社長が務める。

5社は大豆ミートのJAS規格制定で中心的な役割を担った。JAS規格は5年ごとに見直しており、27年に向けて内容を精査する。事務局は「今後は多

くの企業の加盟を募りたい」としている。

健康志向の高まりや、人口増加にともなう世界的なたんぱく質不足への懸念から、植物由来の「プラントベースフード」への関心は世界的に高まっている。畜肉に比べて生産過程での環境負荷が低い大豆ミートは新たなたんぱく源として注目される。

日本能率協会の調査によると、19年度に15億円だった大豆ミートの国内市場規模は25年度には40億円になる見通しだ。それでも海外に比べればプラントベースフードの認知度は低い。青木時男会長は「加盟企業が一体となって商品の普及や市場拡大を図り、業界全体の発展を目指す」と話した。

（2023年10月24日　日本経済新聞）

農林水産品の輸出額最高　23年上半期7144億円

農林水産省は4日、2023年上半期（1〜6月）の農林水産物・食品の輸出額が前年同期比9.6%増の7144億円となり、過去最高を更新したと発表した。上半期として7000億円を超えるのは初めてだ。

新型コロナウイルスの感染拡大に伴う行動制限の解除に加え、足元の円安で中国や台湾などアジアを中心に輸出額が伸びた。

内訳では農産物が4326億円、水産物が2057億円、林産物が307億円だった。1品目20万円以下の少額貨物は454億円だった。

品目別では清涼飲料水が前年同期比24%増の272億円となった。東南アジアを中心に単価の高い日本産の美容ドリンクなどの需要が高まったとみられる。

真珠は129%増の223億円だった。香港で4年ぶりに宝石の国際見本市が開催され、日本産真珠の需要が伸びた。漁獲量の減少を受け、サバはエジプトなどアフリカやマレーシア、タイといった東南アジア向けの輸出が減り、49%減の57億円にとどまった。

林産物のうち製材は44%減の30億円だった。米国の住宅ローン金利の高止まりを受けて住宅市場が低迷し、需要が減った。

輸出先の国・地域別でみると中国が1394億円で最も多く、香港の1154億円が続いた。台湾や韓国などアジア地域は前年同期比で相次いで10%以上増加した。物価高が続く米国では日本酒といった高付加価値品が苦戦し、7.9%減の964億円となった。

政府は農産品の輸出額を25年までに2兆円、30年までに5兆円まで拡大する

目標を掲げる。農水省によると、25年の目標達成には毎年12％程度の増加率を満たす必要がある。

22年には改正輸出促進法が施行し、輸出に取り組む「品目団体」を業界ごとに国が認定する制度が始まった。販路開拓や市場調査、海外市場に応じた規格策定などを支援している。

下半期には輸出減速のおそれもある。中国や香港が東京電力福島第1原子力発電所の処理水の海洋放出の方針に反発し、日本からの輸入規制の強化を打ち出しているためだ。日本産の水産物が税関で留め置かれる事例も発生している。

（2023年8月4日　日本経済新聞）

猛暑で消費押し上げ　飲料やアイスなど販売1〜3割増

全国的な猛暑が個人消費を押し上げている。スーパーでは清涼飲料水やアイスなどの販売が前年比で1〜3割ほど伸びている。都内ホテルのプールの利用も堅調だ。値上げの浸透やインバウンド（訪日外国人客）の回復で景況感が改善している消費関連企業にとって、猛暑はさらなる追い風となっている。

気象庁は1日、7月の平均気温が平年を示す基準値（1991〜2020年の平均）を1.91度上回り、統計を開始した1898年以降で最も高くなったと発表した。8、9月も気温は全国的に平年よりも高く推移する見通しだ。

首都圏で食品スーパーを運営するいなげやでは、7月1〜26日の炭酸飲料の販売が前年同時期と比較して33％増えた。消費者が自宅での揚げ物調理を控えたため、総菜のコロッケの販売も同31％増と大きく伸びた。

食品スーパーのサミットでは7月のアイスクリームの売上高が前年同月から11％伸びた。コンビニエンスストアのローソンでは7月24〜30日の「冷しうどん」の販売が前年同期比6割増となった。

日用品や家電でも夏物商品の販売が好調だ。伊勢丹新宿本店（東京・新宿）では7月、サングラス（前年同月比69.9％増）や日焼け止めなど紫外線対策ができる化粧品（同63.7％増）の販売が大きく伸長した。ヤマダデンキではエアコンと冷蔵庫の7月の販売が、新型コロナウイルス禍での巣ごもり需要と政府からの特別給付金の支給で家電の買い替えが進んだ20年の7月を上回るペースで伸びているという。

メーカーは増産に動く。キリンビールは主力のビール「一番搾り」の生産を8月に前年同月比1割増やす予定だ。サントリーも8月、ビールの生産を前年同

月比5割増やす。花王は猛暑を受けて涼感を得られる使い捨てタオル「ビオレ　冷タオル」の生産量を増やしている。

レジャー産業も猛暑の恩恵を受けている。品川プリンスホテル（東京・港）では、7月のプールの売上高は19年同月比で2.7倍となった。

個人消費の拡大につながるとされる猛暑だが、暑すぎることで販売が鈍る商品も出てきた。いなげやではチョコパンやジャムパンの販売が7月に前年から半減した。「猛暑だと甘いお菓子やパンの販売が落ちる」（同社）

菓子大手のロッテもチョコレートの販売が「7月は想定を下回った」という。

一方、明治は夏向け商品として、定番のチョコレート菓子「きのこの山」のチョコレート部分がない「チョコぬいじゃった！きのこの山」を7月25日に発売した。計画を上回る売れ行きだという。

フマキラーによると、蚊の対策商品の7月24〜30日の販売が業界全体で前年同時期を3%下回った。「25〜30度が蚊の活動には適しているとされており、高温で蚊の活動が鈍っているとみられる」（同社）

第一生命経済研究所の永浜利広首席エコノミストの試算によると、7〜9月の平均気温が1度上昇すると約2900億円の個人消費の押し上げ効果が期待できるという。

消費関連企業の景況感を示す「日経消費DI」の7月の業況判断指数（DI）は、前回調査（4月）を11ポイント上回るプラス9となり1995年の調査開始以来の最高となった。今夏の猛暑が一段と消費を押し上げる可能性もある。

（2023年8月2日　日本経済新聞）

食品値上げ、大手から中堅企業に波及　店頭価格8.7%上昇

食品や日用品の店頭価格の上昇が続いている。POS（販売時点情報管理）データに基づく日次物価の前年比伸び率は6月28日時点で8.7%となった。昨年秋以降、業界大手を中心に価格改定に踏み切り、中堅企業などが追いかける「追随型値上げ」が多くの商品で広がっている。

デフレが長く続く日本では値上げで売り上げが落ち込むリスクが強く意識され、価格転嫁を避ける傾向があった。ウクライナ危機をきっかけに原材料高を商品価格に反映する動きが広がり、潮目が変わりつつある。

日経ナウキャスト日次物価指数から分析した。この指数はスーパーなどのPOSデータをもとにナウキャスト（東京・千代田）が毎日算出している。食品

や日用品の最新のインフレ動向をリアルタイムに把握できる特徴がある。

217品目のうち価格が上昇したのは199品目、低下は16品目だった。ロシアによるウクライナ侵攻が始まった2022年2月に価格が上昇していたのは130品目にとどまっていた。全体の前年比伸び率も当時は0.7%だった。

ヨーグルトの値段は22年夏までほぼ横ばいだったが、11月に6%上昇し、今年4月以降はその幅が10%となった。この2回のタイミングでは業界最大手の明治がまず値上げを発表し、森永乳業や雪印メグミルクなどが続いた。

その結果、江崎グリコなどシェアが高くないメーカーも値上げしやすい環境になり、業界に波及した。

冷凍総菜も昨年6月は4%程度の上昇率だったが、11月に9%まで加速し、23年6月は15%まで上がった。味の素冷凍食品が2月に出荷価格を上げたことが影響する。

ナウキャストの中山公汰氏は「値上げが大手だけでなく中堅メーカーに広がっている」と話す。

ナウキャストによると、値上げをしてもPOSでみた売上高は大きく落ちていないメーカーもみられる。インフレが定着しつつあり、値上げによる客離れがそこまで深刻化していない可能性がある。

品目の広がりも鮮明だ。ウクライナ侵攻が始まった直後は食用油が15%、マヨネーズが11%と、資源価格の影響を受けやすい商品が大きく上昇する傾向にあった。

23年6月は28日までの平均で生鮮卵が42%、ベビー食事用品が26%、水産缶詰が21%の上昇になるなど幅広い商品で2ケタの値上げがみられる。

日本は米欧に比べて価格転嫁が遅れ気味だと指摘されてきた。食品価格の上昇率を日米欧で比べると米国は昨年夏に10%強まで加速したが、足元は6%台に鈍化した。ユーロ圏は今年3月に17%台半ばまで高まり、5月は13%台に鈍った。

日本は昨夏が4%台半ば、昨年末に7%、今年5月に8%台半ばと、上げ幅が徐々に高まってきた。直近では瞬間的に米国を上回る伸び率になった。

帝国データバンクが主要食品企業を対象に調査したところ7月は3566品目で値上げが予定されている。昨年10月が7864件と多かったが、その後も幅広く価格改定の表明が続く。

昨年、一時的に10%を超えた企業物価指数は足元で5%台まで伸びが鈍化しており、資源高による川上価格の上昇は一服しつつある。

それでも昨年からの仕入れ価格上昇や足元の人件費増を十分に価格転嫁ができ

ているとは限らず、値上げに踏み切るメーカーは今後も出てくると予想される。日本のインフレも長引く様相が強まっている。

（2023年7月3日　日本経済新聞）

東京都、フードバンク寄付に助成　食品ロス対策を加速

東京都は食品ロスの削減に向けた対策を拡充する。フードバンク団体へ食品を寄付する際の輸送費の助成のほか、消費者向けの普及啓発のコンテンツも作成。商習慣などにより発生する食品ロスを減らし、廃棄ゼロに向けた取り組みを加速する。

2023年度から中小小売店が未利用食品をフードバンク活動団体に寄付する際の輸送費の助成を始める。今年度予算に関連費用1億円を計上した。フードバンクは食品の品質には問題がないが、賞味期限が近いなどの理由で通常の販売が困難な食品を福祉施設や生活困窮者へ無償提供する団体。都は企業などからフードバンクや子ども食堂に寄付する配送費の助成により、寄贈ルートの開拓につなげたい考えだ。

小売業界は鮮度を重視する消費者の需要に対応するため、メーカーが定める賞味期限の3分の1を過ぎるまでに納品する「3分の1ルール」が慣習となっている。メーカーや卸による納品期限を過ぎると賞味期限まで数カ月残っていても商品はメーカーなどに返品され、大半が廃棄されるため食品ロスの一因となっていた。

また、都は店舗における食品の手前取りの啓発事業なども始める。陳列棚の手前にある販売期限が近い商品を優先して購入してもらう。業種ごとに食品の廃棄実態の調査をし、消費者の行動変容を促すための普及啓発のコンテンツも作成する。関連経費として4千万円を予算に計上した。

東京都の食品ロス量は19年度で約44.5万トンと推計されており、00年度の約76万トンから年々減少傾向にある。都は00年度比で30年に食品ロス半減、50年に実質ゼロの目標を掲げており、2月に有識者らからなる会議で賞味期限前食品の廃棄ゼロ行動宣言を採択した。

独自のフードロス対策を進める自治体もある。台東区は4月、都内の自治体として初めて無人販売機「fuubo（フーボ）」を区役所に設置した。パッケージ変更などで市場に流通できなくなった商品を3〜9割引きで購入できる。賞味期限が近づくほど割引率が上がるシステムだ。区民に食品ロス削減の取り組みを

知ってもらい、実際の行動に移してもらう考えだ。

（2023年5月12日　日本経済新聞）

ビール系飲料販売22年2％増　業務用回復、アサヒ首位に

アサヒビールなどビール大手4社の2022年のビール系飲料国内販売数量は前年比2％増の約3億4000万ケースとなり、18年ぶりに前年を上回った。外食需要が回復し、飲食店向けが伸びた。業務用に強いアサヒが3年ぶりにシェア首位となった。新型コロナウイルス禍前の19年比では市場全体で1割減少しており、各社とも23年10月に減税となるビールに力を入れる。

各社が13日までに発表した22年の販売実績などを基に推計した。飲食店向けなど業務用の22年の販売数量は前年比4割増えた。21年に緊急事態宣言下などでの酒類販売の制限で落ち込んだ反動に加えて、外食需要の回復が寄与した。一方、家庭向けは3％減った。コロナ禍から回復し外食需要が戻ったことで「家飲み」の機会が減少した。ジャンル別ではビールが14％増、発泡酒が4％減、第三のビールは7％減だった。

10月には各社が家庭用では14年ぶりとなる値上げを実施した。第三のビールを中心に駆け込み需要が発生した。第三のビールはその反動もあり、減少傾向には歯止めがかからなかった。

家飲みから外食へ消費が移り、家庭用に強いキリンビールがシェアを落とす一方、業務用で高いシェアを持つアサヒは販売を増やした。ビール系飲料全体のシェアはアサヒが36.5％となり、35.7％のキリンを逆転した。

18年ぶりにプラスとなったものの、長期的にみると、市場の縮小傾向は変わらない。キリンビールの堀口英樹社長は22年のビール市場を「コロナで落ち込んだ業務用の回復が大きい」と分析する。その業務用も19年比では4割近く減っている。

23年はビール系飲料全体の販売数量が最大で3〜4％減少する見通し。10月の酒税改正で増税となる第三のビールの落ち込みや、物価の高騰による消費の低迷を見込む。

（2023年1月13日　日本経済新聞）

現職者・退職者が語る 食品・飲料業界の口コミ

※編集部に寄せられた情報を基に作成

▶ 労働環境

職種：法人営業　　年齢・性別：30代前半・男性

- 明るく前向きで，仕事に対して非常にまじめな方が多いです。
- 助け合いの精神が，社風から自然に培われているように感じます。
- 上司の事も『さん』付けで呼ぶなど，上層部との距離が近いです。
- ピンチになった時など，先輩方がきちんとフォローしてくれます。

職種：製品開発（食品・化粧品）　　年齢・性別：20代後半・男性

- やる人のモチベーションによって正当な評価をしてくれます。
- 新人にこんな重要な仕事を任せるのかと不安になることもあります。
- 大きな仕事を乗り越えた後には，自分が成長したことを実感します。
- 自分を売り込んでガンガン活躍したい人には良い環境だと思います。

職種：法人営業　　年齢・性別：20代後半・男性

- 昇給制度や評価制度は，残念ながら充実しているとは言えません。
- 頑張りによって給料が上がるわけではなく，年功序列型のため，特に20代の若いうちは，みんな横並びで物足りないかもしれません。
- 今は課長職が飽和状態なので，昇進には時間がかかります。

職種：代理店営業　　年齢・性別：20代前半・男性

- この規模の企業としては，給与は非常に良いと思います。
- 年功序列が根強く残っており，確実に基本給与は上がっていきます。
- 賞与については上司の評価により変動するので，何とも言えません。
- 最近は中途採用も増えてきましたが，差別なく評価してもらえます。

▶ 福利厚生

職種：法人営業　　年齢・性別：20代後半・男性

・福利厚生はかなり充実していて，さすが大企業という感じです。
・宿泊ホテルの割引きや，スポーツジムも使えるのでとても便利。
・残業については，あったりなかったり，支社によってバラバラです。
・売り上げなどあまり厳しく言われないので気持ちよく働けます。

職種：生産技術・生産管理（食品・化粧品）　　年齢・性別：20代後半・男性

・留学制度などがあるので，自分のやる気次第で知識を得られます。
・食品衛生など安全面の知識を学習する機会もきちんとあります。
・研修制度は整っているのでそれをいかに活用できるかだと思います。
・意欲を持って取り組めばどんどん成長できる環境にあると思います。

職種：ルートセールス・代理店営業　　年齢・性別：20代後半・男性

・休暇は比較的取りやすく，有給休暇の消化も奨励されています。
・住宅補助は手厚く，40代になるまで社宅住まいの人も多くいます。
・社内応募制度もありますが，どこまで機能しているのかは不明です。
・出産育児支援も手厚く，復帰してくる女性社員も見かけます。

職種：技術関連職　　年齢・性別：20代前半・男性

・福利厚生については，上場企業の中でも良い方だと思います。
・独身寮もあり，社食もあるため生活費はだいぶ安くすみます。
・結婚や30歳を過ぎると寮を出ることになりますが家賃補助が出ます。
・残業は1分でも過ぎたらつけてもよく，きちんと支払われます。

▶仕事のやりがい

職種：**法人営業**　　年齢・性別：**30代前半・男性**

・自社ブランドの製品に愛着があり，それがやりがいになっています。
　食品という競合他社の多い商品を扱う難しさはありますが。
・消費者にどう商品を届けるかを考えるのは大変ですが楽しいです。
・得意先と共通の目的をもって戦略を練るのも非常に面白く感じます。

職種：**法人営業**　　年齢・性別：**30代前半・男性**

・自社製品が好きで自分の興味と仕事が一致しているので面白いです。
・スーパーなど流通小売の本部への営業はとてもやりがいがあります
　が，販売のボリュームも大きく，数字に対しての責任も感じています。
・競合に負けないようモチベーションを保ち，日々活動しています。

職種：**技能工（整備・メカニック）**　　年齢・性別：**20代後半・男性**

・若い時から大きな仕事を1人で任されることがあり非常に刺激的。
・大きな仕事をやりきると，その後の会社人生にプラスになります。
・やはり本社勤務が出世の近道のようです。
・シェアをどう伸ばすかを考えるのも大変ですがやりがいがあります。

職種：**個人営業**　　年齢・性別：**20代後半・女性**

・仕事の面白みは，手がけた商品を世の中に提供できるという点です。
・商品を手に取るお客さんの姿を見るのは非常に嬉しく思います。
・商品企画に携わることができ，日々やりがいを感じています。
・シェアが業界的に飽和状態なのでより良い商品を目指し奮闘中です。

▶ブラック？ホワイト？

職種：研究開発　　年齢・性別：40代後半・男性

・最近は課長に昇進する女性が増え，部長になる方も出てきました。
・女性の場合は独身か，子供がいない既婚者は出世をしています。
・育児休暇を取る人はやはり出世は遅れてしまうようです。
・本当に男女平等になっているかどうかは何ともいえません。

職種：営業関連職　　年齢・性別：20代後半・男性

・ワークライフバランスについてはあまり良くありません。
・一応週休2日制としていますが，実際には週に1日休めれば良い方。
・基本的に残業体質のため，日付が変わる時間まで残業する部署も。
・長期の休みは新婚旅行と永年勤続表彰での旅行以外では取れません。

職種：法人営業　　年齢・性別：20代前半・女性

・総合職で大卒の女性社員が非常に少ないです。
・拘束時間の長さ，産休などの制度が不確立なためかと思います。
・業界全体に，未だに男性優位な風潮が見られるのも問題かと。
・社風に関しても時代の変化に対応しようとする動きは見られません。

職種：営業関連職　　年齢・性別：20代後半・男性

・寮費は安く水道光熱費も免除ですが，2～4人部屋です。
・寮にいる限り完全にプライベートな時間というのは難しいです。
・食事に関しては工場内に食堂があるので，とても安く食べられます。
・社員旅行はほぼ強制参加で，旅費は給与天引きの場合もあります。

▶ 女性の働きやすさ

職種：ソフトウェア関連職　　年齢・性別：40代前半・男性

- 女性の管理職も多く，役員まで上り詰めた方もいます。
- 特に女性だから働きにくい，という社風もないと思います。
- 男性と同じように評価もされ，多様な働き方を選ぶことができて，多くの女性にとっては働きやすく魅力的な職場といえると思います。

職種：法人営業　　年齢・性別：20代後半・男性

- 社員に非常に優しい会社なので，とても働きやすいです。
- 女性には優しく，育休後に復帰しにくいということもありません。
- 出産後の時短勤務も可能ですし，男性社員の理解もあります。
- 会社として女性管理職を増やす取り組みに力を入れているようです。

職種：研究開発　　年齢・性別：40代前半・男性

- 課長くらいまでの昇進なら，男女差はあまりないようです。
- 部長以上になると女性は極めて少ないですが，ゼロではありません。
- 女性の場合，時短や育児休暇，介護休暇等の制度利用者は多いです。
- 育休や介護休暇が昇進にどう影響するかは明確ではありません。

職種：研究・前臨床研究　　年齢・性別：30代前半・男性

- 「男性と変わらず管理職を目指せます！」とはいい難い職場です。
- 産休などは充実していますが，体育会系の男性の職場という雰囲気。
- 管理職でなければ，女性で活躍しておられる方は多くいます。
- もしかすると5年後には状況は変わっているかもしれません。

▶今後の展望

職種：営業　　年齢・性別：20代後半・男性

・今後の事業の流れとしては，海外進出と健康関連事業がカギかと。
・東南アジアでは日本の成功事例を元に売上の拡大が続いています。
・世界各国でのＭ＆Ａの推進による売上規模の拡大も期待できます。
・新市場開拓としては，アフリカや中南米に力を入れていくようです。

職種：営業　　年齢・性別：20代後半・女性

・原材料の高騰など国内事業は厳しさを増しています。
・海外事業の展開も現状芳しくなく，今後の見通しは良くないです。
・新商品やマーケティングではスピードが求められています。
・近年は農業部門に力を入れており，評価の高さが今後の強みかと。

職種：製造　　年齢・性別：20代後半・男性

・国内でパイを争っており，海外での売上が見えません。
・他のメーカーに比べ海外展開が弱く，かなり遅れをとっています。
・国内市場は縮小傾向にあるため，海外展開が弱いのは厳しいかと。
・今後は海外戦略へ向け，社員教育の充実が必要だと思います。

職種：営業　　年齢・性別：20代後半・女性

・家庭用商品には強いですが，外食，中食業界での競争力が弱いです
・今後は，業務用，高齢者や少人数家族向け商品を強化する方針です。
・健康食品分野や通信販売等へも，積極的に取り組むようです。
・アジア市場の開拓を中心とした，海外事業の展開が進んでいます。

食品・飲料業界　国内企業リスト（一部抜粋）

区別	会社名	本社住所
食料品（東証一部）	日本製粉株式会社	東京都渋谷区千駄ヶ谷 5-27-5
	株式会社 日清製粉グループ本社	東京都千代田区神田錦町一丁目 25 番地
	日東富士製粉株式会社	東京都中央区新川一丁目 3 番 17 号
	昭和産業株式会社	東京都千代田区内神田 2 丁目 2 番 1 号 （鎌倉河岸ビル）
	鳥越製粉株式会社	福岡市博多区比恵町 5-1
	協同飼料株式会社	神奈川県横浜市西区高島 2-5-12 横浜 DK ビル
	中部飼料株式会社	愛知県知多市北浜町 14 番地 6
	日本配合飼料株式会社	横浜市神奈川区守屋町 3 丁目 9 番地 13 TVP ビルディング
	東洋精糖株式会社	東京都中央区日本橋小網町 18 番 20 号 洋糖ビル
	日本甜菜製糖株式会社	東京都港区三田三丁目 12 番 14 号
	三井製糖株式会社	東京都中央区日本橋箱崎町 36 番 2 号 （リバーサイド読売ビル）
	森永製菓株式会社	東京都港区芝 5-33-1
	株式会社中村屋	東京都新宿区新宿三丁目 26 番 13 号
	江崎グリコ株式会社	大阪府大阪市西淀川区歌島 4 丁目 6 番 5 号
	名糖産業株式会社	愛知県名古屋市西区笹塚町二丁目 41 番地
	株式会社不二家	東京都文京区大塚 2-15-6
	山崎製パン株式会社	東京都千代田区岩本町 3-10-1
	第一屋製パン株式会社	東京都小平市小川東町 3 丁目 6 番 1 号
	モロゾフ株式会社	神戸市東灘区向洋町西五丁目 3 番地
	亀田製菓株式会社	新潟県新潟市江南区亀田工業団地 3-1-1
	カルビー株式会社	東京都千代田区丸の内 1-8-3 丸の内トラストタワー本館 22 階

区別	会社名	本社住所
食料品（東証一部）	森永乳業株式会社	東京都港区芝五丁目 33 番 1 号
	六甲バター株式会社	神戸市中央区坂口通一丁目 3 番 13 号
	株式会社ヤクルト本社	東京都港区東新橋 1 丁目 1 番 19 号
	明治ホールディングス株式会社	東京都中央区京橋二丁目 4 番 16 号
	雪印メグミルク株式会社	北海道札幌市東区苗穂町 6 丁目 1 番 1 号
	プリマハム株式会社	東京都品川区東品川 4 丁目 12 番 2 号 品川シーサイドウエストタワー
	日本ハム株式会社	大阪市北区梅田二丁目 4 番 9 号 ブリーゼタワー
	伊藤ハム株式会社	兵庫県西宮市高畑町 4 − 27
	林兼産業株式会社	山口県下関市大和町二丁目 4 番 8 号
	丸大食品株式会社	大阪府高槻市緑町 21 番 3 号
	米久株式会社	静岡県沼津市岡宮寺林 1259 番地
	エスフーズ株式会社	兵庫県西宮市鳴尾浜 1 丁目 22 番 13
	サッポロホールディングス株式会社	東京都渋谷区恵比寿四丁目 20 番 1 号
	アサヒグループホールディングス株式会社	東京都墨田区吾妻橋 1-23-1
	キリンホールディングス株式会社	東京都中野区中野 4-10-2 中野セントラルパークサウス
	宝ホールディングス株式会社	京都市下京区四条通烏丸東入長刀鉾町 20 番地
	オエノンホールディングス株式会社	東京都中央区銀座 6-2-10
	養命酒製造株式会社	東京都渋谷区南平台町 16-25
	コカ・コーラウエスト株式会社	福岡市東区箱崎七丁目 9 番 66 号
	コカ・コーライーストジャパン株式会社	東京都港区芝浦 1 丁目 2 番 3 号 シーバンス S 館

区別	会社名	本社住所
食料品（東証一部）	サントリー食品インターナショナル株式会社	東京都中央区京橋三丁目 1-1 東京スクエアガーデン 9・10 階
	ダイドードリンコ株式会社	大阪市北区中之島二丁目 2 番 7 号
	株式会社伊藤園	東京都渋谷区本町 3 丁目 47 番 10 号
	キーコーヒー株式会社	東京都港区西新橋 2-34-4
	株式会社ユニカフェ	東京都港区新橋六丁目 1 番 11 号
	ジャパンフーズ株式会社	千葉県長生郡長柄町皿木 203 番地 1
	日清オイリオグループ株式会社	東京都中央区新川一丁目 23 番 1 号
	不二製油株式会社	大阪府泉佐野市住吉町 1 番地
	かどや製油株式会社	東京都品川区西五反田 8-2-8
	株式会社 J- オイルミルズ	東京都中央区明石町 8 番 1 号 聖路加タワー 17F 〜 19F
	キッコーマン株式会社	千葉県野田市野田 250
	味の素株式会社	東京都中央区京橋一丁目 15 番 1 号
	キユーピー株式会社	東京都渋谷区渋谷 1-4-13
	ハウス食品グループ本社株式会社	東京都千代田区紀尾井町 6 番 3 号
	カゴメ株式会社	愛知県名古屋市中区錦 3 丁目 14 番 15 号
	焼津水産化学工業株式会社	静岡県焼津市小川新町 5 丁目 8-13
	アリアケジャパン株式会社	東京都渋谷区恵比寿南 3-2-17
	株式会社ニチレイ	東京都中央区築地六丁目 19 番 20 号 ニチレイ東銀座ビル
	東洋水産株式会社	東京都港区港南 2 丁目 13 番 40 号
	日清食品ホールディングス株式会社	東京都新宿区新宿六丁目 28 番 1 号
	株式会社永谷園	東京都港区西新橋 2 丁目 36 番 1 号
	フジッコ株式会社	神戸市中央区港島中町 6 丁目 13 番地 4

区別	会社名	本社住所
食料品（東証一部）	株式会社ロック・フィールド	神戸市東灘区魚崎浜町 15 番地 2
	日本たばこ産業株式会社	東京都港区虎ノ門 2-2-1
	ケンコーマヨネーズ株式会社	兵庫県神戸市灘区都通 3 丁目 3 番 16 号
	わらべや日洋株式会社	東京都小平市小川東町 5-7-10
	株式会社なとり	東京都北区王子 5 丁目 5 番 1 号
	ミヨシ油脂株式会社	東京都葛飾区堀切 4-66-1
水産・農林業	株式会社 極洋	東京都港区赤坂三丁目 3 番 5 号
	日本水産株式会社	東京都千代田区大手町 2-6-2（日本ビル 10 階）
	株式会社マルハニチロホールディングス	東京都江東区豊洲三丁目 2 番 20 号 豊洲フロント
	株式会社 サカタのタネ	横浜市都筑区仲町台 2-7-1
	ホクト株式会社	長野県長野市南堀 138-1
食料品（東証二部）	東福製粉株式会社	福岡県福岡市中央区那の津 4 丁目 9 番 20 号
	株式会社増田製粉所	神戸市長田区梅ケ香町 1 丁目 1 番 10 号
	日和産業株式会社	神戸市東灘区住吉浜町 19-5
	塩水港精糖株式会社	東京都中央区日本橋堀留町 2 丁目 9 番 6 号 ニュー ESR ビル
	フジ日本精糖株式会社	東京都中央区日本橋茅場町 1-4-9
	日新製糖株式会社	東京都中央区日本橋小網町 14-1 住生日本橋小網町ビル
	株式会社ブルボン	新潟県柏崎市松波 4 丁目 2 番 14 号
	井村屋グループ株式会社	三重県津市高茶屋七丁目 1 番 1 号
	カンロ株式会社	東京都中野区新井 2 丁目 10 番 11 号
	寿スピリッツ株式会社	鳥取県米子市旗ケ崎 2028 番地
	福留ハム株式会社	広島市西区草津港二丁目 6 番 75 号

区別	会社名	本社住所
食料品（東証一部）	ジャパン・フード＆リカー・アライアンス株式会社	香川県小豆郡小豆島町苗羽甲 1850 番地
	北海道コカ・コーラボトリング株式会社	札幌市清田区清田一条一丁目 2 番 1 号
	ボーソー油脂株式会社	東京都中央区日本橋本石町四丁目 5-12
	攝津製油株式会社	大阪府堺市西区築港新町一丁 5 番地 10
	ブルドックソース株式会社	東京都中央区日本橋兜町 11-5
	エスビー食品株式会社	東京都中央区日本橋兜町 18 番 6 号
	ユタカフーズ株式会社	愛知県知多郡武豊町字川脇 34 番地の 1
	株式会社 ダイショー	東京都墨田区亀沢 1 丁目 17-3
	株式会社ピエトロ	福岡市中央区天神 3-4-5
	アヲハタ株式会社	広島県竹原市忠海中町一丁目 1 番 25 号
	はごろもフーズ株式会社	静岡県静岡市清水区島崎町 151
	株式会社セイヒョー	新潟市北区島見町 2434 番地 10
	イートアンド株式会社	東京都港区虎ノ門 4 丁目 3 番 1 号 城山トラストタワー 18 階
	日本食品化工株式会社	東京都千代田区丸の内一丁目 6 番 5 号 丸の内北口ビル 20 階
	石井食品株式会社	千葉県船橋市本町 2-7-17
	シノブフーズ株式会社	大阪市西淀川区竹島 2 丁目 3 番 18 号
	株式会社あじかん	広島市西区商工センター七丁目 3 番 9 号
	旭松食品株式会社	長野県飯田市駄科 1008
	サトウ食品工業株式会社	新潟県新潟市東区宝町 13 番 5 号
	イフジ産業株式会社	福岡県糟屋郡粕屋町大字戸原 200-1
	理研ビタミン株式会社	東京都千代田区三崎町 2-9-18 TDC ビル 11・12 階

第3章

就職活動のはじめかた

入りたい会社は決まった。しかし「就職活動とはそもそも何をしていいのかわからない」「どんな流れで進むかわからない」という声は意外と多い。ここでは就職活動の一般的な流れや内容，対策について解説していく。

▶就職活動のスケジュール

3月	**4月**	**6月**

就職活動スタート

2025年卒の就活スケジュールは,経団連と政府を中心に議論され,2024年卒の採用選考スケジュールから概ね変更なしとされている。

エントリー受付・提出

企業の説明会には積極的に参加しよう。独自の企業研究だけでは見えてこなかった新たな情報を得る機会であるとともに,モチベーションアップにもつながる。また,説明会に参加した者だけに配布する資料などもある。

OB・OG訪問

合同企業説明会　**個別企業説明会**

筆記試験・面接試験等始まる（3月〜）

内々定（大手企業）

2月末までにやっておきたいこと

就職活動が本格化する前に,以下のことに取り組んでおこう。
- ◎自己分析　◎インターンシップ　◎筆記試験対策
- ◎業界研究・企業研究　◎学内就職ガイダンス

自分が本当にやりたいことはなにか,自分の能力を最大限に活かせる会社はどこか。自己分析と企業研究を重ね,それを文章などにして明確にしておき,面接時に最大限に活用できるようにしておこう。

7月　　　　　**8月**　　　　　**10月**

中小企業採用本格化

内定者の数が採用予定数に満たない企業，1年を通して採用を継続している企業，夏休み以降に採用活動を実施企業（後期採用）は採用活動を継続して行っている。大企業でも後期採用を行っていることもあるので，企業から内定が出ても，納得がいかなければ継続して就職活動を行うこともある。

中小企業の採用が本格化するのは大手企業より少し遅いこの時期から。HPなどで採用情報をつかむとともに，企業研究も怠らないようにしよう。

内々定とは10月1日以前に通知（電話等）されるもの。内定に関しては現在協定があり，10月1日以降に文書等にて通知される。

内々定（中小企業）　　　内定式（10月〜）

どんな人物が求められる？

多くの企業は，常識やコミュニケーション能力があり，社会のできごとに高い関心を持っている人物を求めている。これは「会社の一員として将来の企業発展に寄与してくれるか」という視点に基づく，もっとも普遍的な選考基準だ。もちろん，「自社の志望を真剣に考えているか」「自社の製品，サービスにどれだけの関心を向けているか」という熱意の部分も重要な要素になる。

就活ロールプレイ！

理論編

理論編 STEP 1 　就職活動のスタート

内定までの道のりは，大きく分けると以下のようになる。

01 まず自己分析からスタート

就職活動とは，「企業に自分をPRすること」。自分自身の興味，価値観に加えて，強み・能力という要素が加わって，初めて企業側に「自分が働いたら，こういうポイントで貢献できる」と自分自身を売り込むことができるようになる。

■自分の来た道を振り返る

自己分析をするための第一歩は，「振り返ってみる」こと。

小学校，中学校など自分のいた"場"ごとに何をしたか（部活動など），何を学んだか，交友関係はどうだったか，興味のあったこと，覚えている印象的なことを書き出してみよう。

■テストを受けてみる

"自分では気がついていない能力"を客観的に検査してもらうことで，自分に向いている職種が見えてくる。下記の5種類が代表的なものだ。

①職業適性検査　　②知能検査　　③性格検査

④職業興味検査　　⑤創造性検査

■**先輩や専門家に相談してみる**

　就職活動をするうえでは，"いかに他人に自分のことをわかってもらうか"が重要なポイント。他者の視点で自分を分析してもらうことで，より客観的な視点で自己PRができるようになる。

自己分析の流れ

❑過去の経験を書いてみる

❑現在の自己イメージを明確にする…行動，考え方，好きなものなど。

❑他人から見た自分を明確にする

❑将来の自分を明確にしてみる…どのような生活をおくっていたいか。期待，夢，願望。なりたい自分はどういうものか，掘り下げて考える。→自己分析結果を，志望動機につなげていく。

01 企業の絞り込み

　志望企業の絞り込みについての考え方は大きく分けて2つある。

　第1は，同一業種の中で1次候補，2次候補……と絞り込んでいく方法。

　第2は，業種を1次，2次，3次候補と変えながら，それぞれに2社程度ずつ絞り込んでいく方法。

　第1の方法では，志望する同一業種の中で，一流企業，中堅企業，中小企業，縁故などがある歯止めの会社……というふうに絞り込んでいく。

　第2の方法では，自分が最も望んでいる業種，将来好きになれそうな業種，発展性のある業種，安定性のある業種，現在好況な業種……というふうに区別して，それぞれに適当な会社を絞り込んでいく。

02 情報の収集場所

・キャリアセンター

・新聞

・インターネット

・企業情報

『就職四季報』（東洋経済新報社刊），『日経会社情報』（日本経済新聞社刊）などの企業情報。この種の資料は本来“株式市場”についての資料だが，その時期の景気動向を含めた情報を仕入れることができる。

・経済雑誌

『ダイヤモンド』（ダイヤモンド社刊）や『東洋経済』（東洋経済新報社刊），『エコノミスト』（毎日新聞出版刊）など。

・OB・OG／社会人

①成長力

　まず"売上高"。次に資本力の問題や利益率などの比率。いくら資本金があっても，それを上回る膨大な借金を抱えていて，いくら稼いでも利払いに追われまくるようでは，成長できないし，安定できない。

　成長力を見るには自己資本率を割り出してみる。自己資本を総資本で割って100を掛けると自己資本率がパーセントで出てくる。自己資本の比率が高いほうが成長力もあり安定度も高い。

　利益率は純利益を売上高で割って100を掛ける。利益率が高ければ，企業はどんどん成長するし，社員の待遇も上昇する。利益率が低いということは，仕事がどんなに忙しくても利益にはつながらないということになる。

②技術力

　技術力は，短期的な見方と長期的な展望が必要になってくる。研究部門が適切な規模か，大学など企業外の研究部門との連絡があるか，先端技術の分野で開発を続けているかどうかなど。

③経営者と経営形態

　会社が将来，どのような発展をするか，または衰退するかは経営者の経営哲学，経営方針によるところが大きい。社長の経歴を知ることも必要。創始者の息子，孫といった親族が社長をしているのか，サラリーマン社長か，官庁などからの天下りかということも大切なチェックポイント。

④社風

　社風というのは先輩社員から後輩社員に伝えられ，教えられるもの。社風もいろいろな面から必ずチェックしよう。

⑤安定性

　企業が成長しているか，安定しているかということは車の両輪。どちらか片方の回転が遅くなっても企業はバランスを失う。安定し，しかも成長する。これが企業として最も理想とするところ。

⑥待遇

　初任給だけを考えてみても，それが手取りなのか，基本給なのか。基本給というのはボーナスから退職金，定期昇給の金額にまで響いてくる。また，待遇というのは給与ばかりではなく，福利厚生施設でも大きな差が出てくる。

■そのほかの会社比較の基準

1. ゆとり度

休暇制度は，企業によって独自のものを設定しているところもある。「長期休暇制度」といったものなどの制定状況と，また実際に取得できているかどうかも調べたい。

2. 独身寮や住宅設備

最近では，社宅は廃止し，住宅手当を多く出すという流れもある。寮や社宅についての福利厚生は調べておく。

3. オフィス環境

会社に根づいた慣習や社員に対する考え方が，意外にオフィスの設備やレイアウトに表れている場合がある。

たとえば，個人の専有スペースの広さや区切り方，パソコンなどOA機器の設置状況，上司と部下の机の配置など，会社によってずいぶん違うもの。玄関ロビーや受付の様子を観察するだけでも，会社ごとのカラーや特徴がどこかに見えてくる。

4. 勤務地

転勤はイヤ，どうしても特定の地域で生活していきたい。そんな声に応えて，最近は流通業などを中心に，勤務地限定の雇用制度を取り入れる企業も増えている。

---

column 初任給では分からない本当の給与

会社の給与水準には「初任給」「平均給与」「平均ボーナス」「モデル給与」など，判断材料となるいくつかのデータがある。これらのデータからその会社の給料の優劣を判断するのは非常に難しい。

たとえば中小企業の中には，初任給が飛び抜けて高い会社がときどきある。しかしその後の昇給率は大きくないのがほとんど。

一方，大手企業の初任給は業種間や企業間の差が小さく，ほとんど横並びと言っていい。そこで，「平均給与」や「平均ボーナス」などで将来の予測をするわけだが，これは一応の目安とはなるが，個人差があるので正確とは言えない。

■決定版「就職ノート」はこう作る

　1冊にすべて書き込みたいという人には，ルーズリーフ形式のノートがお勧め。会社研究，スケジュール，時事用語，OB／OG訪問，切り抜きなどの項目を作りインデックスをつける。

　カレンダー，説明会，試験などのスケジュール表を貼り，とくに会社別の説明会，面談，書類提出，試験の日程がひと目で分かる表なども作っておく。そして見開き2ページで1社を載せ，左ページに企業研究，右ページには志望理由，自己PRなどを整理する。

就職ノートの主なチェック項目

❏企業研究…資本金，業務内容，従業員数など基礎的な会社概要から，過去の採用状況，業務報告などのデータ

❏採用試験メモ…日程，条件，提出書類，採用方法，試験の傾向など

❏店舗・営業所見学メモ…流通関係，銀行などの場合は，客として訪問し，商品（値段，使用価値，ユーザーへの配慮），店員（接客態度，商品知識，熱意，親切度），店舗（ショーケース，陳列の工夫，店内の清潔さ）などの面をチェック

❏OB／OG訪問メモ…OB／OGの名前，連絡先，訪問日時，面談場所，質疑応答のポイント，印象など

❏会社訪問メモ…連絡先，人事担当者名，会社までの交通機関，最寄り駅からの地図，訪問のときに得た情報や印象，訪問にいたるまでの経過も記入

　「OB／OG訪問」は，実際は採用予備選考開始。まず，OB／OG訪問を希望したら，大学のキャリアセンター，教授などの紹介で，志望企業に勤める先輩の手がかりをつかむ。もちろん直接電話なり手紙で，自分の意向を会社側に伝えてもいい。自分の在籍大学，学部をはっきり言って，「先輩を紹介していただけないでしょうか」と依頼しよう。

参考

OB／OG訪問時の質問リスト例

●採用について

・成績と面接の比重　　　　　　・評価のポイント

・採用までのプロセス（日程）　・筆記試験の傾向と対策

・面接は何回あるか　　　　　　・コネの効力はどうか

・面接で質問される事項　etc.

●仕事について

・内容（入社10年, 20年のOB/OG）　・新入社員の仕事

・希望職種につけるのか　　　　　　・やりがいはどうか

・残業，休日出勤，出張など　　　　・同業他社と比較してどうか　etc.

●社風について

・社内のムード　　　　　　　・上司や同僚との関係

・仕事のさせ方　etc.

●待遇について

・給与について　　　　　　　・福利厚生の状態

・昇進のスピード　　　　　　・離職率について　etc.

　インターンシップとは，学生向けに企業が用意している「就業体験」プログラム。ここで学生はさまざまな企業の実態をより深く知ることができ，その後の就職活動において自己分析，業界研究，職種選びなどに活かすことができる。また企業側にとっても有能な学生を発掘できるというメリットがあるため，導入する企業は増えている。

　インターンシップ参加が採用につながっているケースもあるため，たくさん参加してみよう。

---

column　コネを利用するのも１つの手段？

コネを活用できるのは，以下のような場合である。

・企業と大学に何らかの「連絡」がある場合

　企業の新卒採用の場合，特定校・指定校が決められていることもある。企業側が過去の実績などに基づいて決めており，大学の力が大きくものをいう。

　とくに理工系では，指導教授や研究室と企業との連絡が密接な場合が多く，教授の推薦が有利であることは言うまでもない。同じ大学出身の先輩とのコネも，この部類に区分できる。

・志望企業と「関係」ある人と関係がある場合

　一般的に言えば，志望企業の取り引き先関係からの紹介というのが一番多い。ただし，年間億単位の実績が必要で，しかも部長・役員以上につながっていなければコネがあるとは言えない。

・志望企業と何らかの「親しい関係」がある場合

　志望企業に勤務したりアルバイトをしていたことがあるという場合。インターンシップもここに分類される。職場にも馴染みがあり人間関係もできているので，就職に際してきわめて有利。

・志望会社に関係する人と「縁故」がある場合

　縁故を「血縁関係」とした場合，日本企業ではこのコネはかなり有効なところもある。ただし，血縁者が同じ会社にいるというのは不都合なことも多いので，どの企業も慎重。

1. 受付の様子

　受付事務がテキパキとしていて，分かりやすいかどうか。社員の態度が親切で誠意が伝わってくるかどうか。

　こういった受付の様子からでも，その会社の社員教育の程度や，新入社員採用に対する熱意とか期待を推し測ることができる。

2. 控え室の様子

　控え室が2カ所以上あって，国立大学と私立大学の訪問者とが，別々に案内されているようなことはないか。また，面談の順番を意図的に変えているようなことはないか。これはよくある例で，すでに大半は内定しているということを意味する場合が多い。

3. 社内の雰囲気

　社員の話し方，その内容を耳にはさむだけでも，社風が伝わってくる。

4. 面談の様子

　何時間も待たせたあげくに，きわめて事務的に，しかも投げやりな質問しかしないような採用担当者である場合，この会社は人事が適正に行われていないということだから，一考したほうがよい。

 ▶ **説明会での質問項目**

・質問内容が抽象的でなく，具体性のあるものかどうか。

・質問内容は，現在の社会・経済・政治などの情況を踏まえた，
　大学生らしい高度で専門性のあるものか。

・質問をするのはいいが，「それでは，あなたの意見はどうか」と
　逆に聞かれたとき，自分なりの見解が述べられるものであるか。

STEP3　提出書類を用意する

　提出する書類は6種類。①〜③が大学に申請する書類，④〜⑥が自分で書く書類だ。大学に申請する書類は一度に何枚も入手しておこう。

①「卒業見込証明書」

②「成績証明書」

③「健康診断書」

④「履歴書」

⑤「エントリーシート」

⑥「会社説明会アンケート」

■自分で書く書類は「自己PR」

　第1次面接に進めるか否かは「自分で書く書類」の出来にかかっている。「履歴書」と「エントリーシート」は会社説明会に行く前に準備しておくもの。「会社説明会アンケート」は説明会の際に書き，その場で提出する書類だ。

01 履歴書とエントリーシートの違い

　Webエントリーを受け付けている企業に資料請求をすると，資料と一緒に「エントリーシート」が送られてくるので，応募サイトのフォームやメールでエントリーシートを送付する。Webエントリーを行っていない企業には，ハガキやメールで資料請求をする必要があるが，「エントリーシート」は履歴書とは異なり，企業が設定した設問に対して回答するもの。すなわちこれが「1次試験」であり，これにパスをした人だけが会社説明会に呼ばれる。

■字はていねいに

　字を書くところから，その企業に対する"本気度"は測られている。

■誤字，脱字は厳禁

　使用するのは，黒のインク。

■修正液使用は不可

■数字は算用数字

■自分の広告を作るつもりで書く

　自分はこういう人間であり，何がしたいかということを簡潔に書く。メリットになることだけで良い。自分に損になるようなことを書く必要はない。

■「やる気」を示す具体的なエピソードを

　「私はやる気があります」「私は根気があります」という抽象的な表現だけではNG。それを示すエピソードのようなものを書かなくては意味がない。

Point

> 自己紹介欄の項目はすべて「自己PR」。自分はこういう人間であることを印象づけ，それがさらに企業への「志望動機」につながっていくような書き方をする。

column 履歴書やエントリーシートは，共通でもいい？

　「履歴書」や「エントリーシート」は企業によって書き分ける。業種はもちろん，同じ業界の企業であっても求めている人材が違うからだ。各書類は提出前にコピーを取り，さらに出した企業名を忘れずに書いておくことも大切だ。

写真	スナップ写真は不可。 スーツ着用で，胸から上の物を使用する。ポイントは「清潔感」。 氏名・大学名を裏書きしておく。
日付	郵送の場合は投函する日，持参する場合は持参日の日付を記入する。
生年月日	西暦は避ける。元号を省略せずに記入する。
氏名	戸籍上の漢字を使う。印鑑押印欄があれば忘れずに押す。
住所	フリガナ欄がカタカナであればカタカナで，平仮名であれば平仮名で記載する。
学歴	最初の行の中央部に「学□□歴」と2文字程度間隔を空けて，中学校卒業から大学（卒業・卒業見込み）まで記入する。 中途退学の場合は，理由を簡潔に記載する。留年は記入する必要はない。 職歴がなければ，最終学歴の一段下の行の右隅に，「以上」と記載する。
職歴	最終学歴の一段下の行の中央部に「職□□歴」と2文字程度間隔を空け記入する。 「株式会社」や「有限会社」など，所属部門を省略しないで記入する。 「同上」や「〃」で省略しない。 最終職歴の一段下の行の右隅に，「以上」と記載する。
資格・免許	4級以下は記載しない。学習中のものも記載して良い。 「普通自動車第一種運転免許」など，省略せずに記載する。
趣味・特技	具体的に（例：読書でもジャンルや好きな作家を）記入する。
志望理由	その企業の強みや良い所を見つけ出したうえで，「自分の得意な事」がどう活かせるかなどを考えぬいたものを記入する。
自己PR	応募企業の事業内容や職種にリンクするような，自分の経験やスキルなどを記入する。
本人希望欄	面接の連絡方法，希望職種・勤務地などを記入する。「特になし」や空白はNG。
家族構成	最初に世帯主を書き，次に配偶者，それから家族を祖父母，兄弟姉妹の順に。続柄は，本人から見た間柄。兄嫁は，義姉と書く。
健康状態	「良好」が一般的。

理論編 STEP4　エントリーシートの記入

01 エントリーシートの目的

・応募者を，決められた採用予定者数に絞り込むこと

・面接時の資料にする

の2つ。

■知りたいのは職務遂行能力

採用担当者が学生を見る場合は，「こいつは与えられた仕事をこなせるかどうか」という目で見ている。企業に必要とされているのは仕事をする能力なのだ。

Point

質問に忠実に，"自分がいかにその会社の求める人材に当てはまるか"を
丁寧に答えること。

02 効果的なエントリーシートの書き方

■情報を伝える書き方

課題をよく理解していることを相手に伝えるような気持ちで書く。

■文章力

大切なのは全体のバランスが取れているか。書く前に，何をどれくらいの字数で収めるか計算しておく。

「起承転結」でいえば，「起」は，文章を起こす導入部分。「承」は，起を受けて，その提起した問題に対して承認を求める部分。「転」は，自説を展開する部分。もっともオリジナリティが要求される。「結」は，最後の締めの結論部分。文章の構成・まとめる力で，総合的な能力が高いことをアピールする。

▶エントリーシートでよく取り上げられる題材と，その出題意図

エントリーシートで求められるものは，「自己PR」「志望動機」「将来どうなりたいか（目指すこと）」の3つに大別される。

1.「自己PR」

自己分析にしたがって作成していく。重要なのは，「なぜそうしようと思ったか？」「〇〇をした結果，何が変わったのか？何を得たのか？」という"連続性"が分かるかどうかがポイント。

2.「志望動機」

自己PRと一貫性を保ち，業界志望理由と企業志望理由を差別化して表現するように心がける。志望する業界の強みと弱み，志望企業の強みと弱みの把握は基本。

3.「将来の展望」

どんな社員を目指すのか，仕事へはどう臨もうと思っているか，目標は何か，などが問われる。仕事内容を事前に把握しておくだけでなく，5年後の自分，10年後の自分など，具体的な将来像を描いておくことが大切。

表現力，理解力のチェックポイント

❑文法，語法が正しいかどうか
❑論旨が論理的で一貫しているかどうか
❑1センテンスが簡潔かどうか
❑表現が統一されているかどうか（「です，ます」調か「だ，である」調か）

01 個人面接

●自由面接法

　面接官と受験者のキャラクターやその場の雰囲気，質問と応答の進行具合などによって雑談形式で自由に進められる。

●標準面接法

　自由面接法とは逆に，質問内容や評価の基準などがあらかじめ決まっている。実際には自由面接法と併用で，おおまかな質問事項や判定基準，評価ポイントを決めておき，質疑応答の内容上の制限を緩和しておくスタイルが一般的。1次面接などでは標準面接法をとり，2次以降で自由面接法をとる企業も多い。

●非指示面接法

　受験者に自由に発言してもらい，面接官は話題を引き出したりするときなど，最小限の質問をするという方法。

●圧迫面接法

　わざと受験者の精神状態を緊張させ，受験者がどのような応答をするかを観察し，判定する。受験者は，冷静に対応することが肝心。

02 集団面接

　面接の方法は個人面接と大差ないが，面接官がひとつの質問をして，受験者が順にそれに答えるという方法と，面接官が司会役になって，座談会のような形式で進める方法とがある。

　座談会のようなスタイルでの面接は，なるべく受験者全員が関心をもっているような話題を取りあげ，意見を述べさせるという方法。この際，司会役以外の面接官は一言も発言せず，判定・評価に専念する。

03 グループディスカッション

　グループディスカッション（以下，GD）の時間は30〜60分程度，1グループの人数は5〜10人程度で，司会は面接官が行う場合や，時間を決めて学生が交替で行うことが多い。面接官は内容については特に指示することはなく，受験者がどのようにGDを進めるかを観察する。

　評価のポイントは，全体的には理解力，表現力，指導性，積極性，協調性など，個別的には性格，知識，適性などが観察される。

　GDの特色は，集団の中での個人ということで，受験者の能力がどの程度のものであるか，また，どのようなことに向いているかを判定できること。受験者は，グループの中における自分の位置を面接官に印象づけることが大切だ。

グループディスカッション方式の面接におけるチェックポイント

- ❑全体の中で適切な論点を提供できているかどうか。
- ❑問題解決に役立つ知識を持っているか，また提供できているかどうか。
- ❑もつれた議論を解きほぐし，的はずれの議論を元に引き戻す努力をしているかどうか。
- ❑グループ全体としての目標をいつも考えているかどうか。
- ❑感情的な対立や攻撃をしかけているようなことはないか。
- ❑他人の意見に耳を傾け，よい意見には賛意を表し，それを全体に推し広げようという寛大さがあるかどうか。
- ❑議論の流れを自然にリードするような主導性を持っているかどうか。
- ❑提出した意見が議論の進行に大きな影響を与えているかどうか。

04 面接時の注意点

●控え室

　控え室には，指定された時間の15分前には入室しよう。そこで担当の係から，面接に際しての注意点や手順の説明が行われるので，疑問点は積極的に聞くようにし，心おきなく面接にのぞめるようにしておこう。会社によっては，所定のカードに必要事項を書き込ませたり，お互いに自己紹介をさせたりする場合もある。また，この控え室での行動も細かくチェックして，合否の資料にしている会社もある。

●入室・面接開始

　係員がドアの開閉をしてくれる場合もあるが，それ以外は軽くノックして入室し，必ずドアを閉める。そして入口近くで軽く一礼し，面接官か補助員の「どうぞ」という指示で正面の席に進み，ここで再び一礼をする。そして，学校名と氏名を名のって静かに着席する。着席時は，軽く椅子にかけるようにする。

●面接終了と退室

　面接の終了が告げられたら，椅子から立ち上がって一礼し，椅子をもとに戻して，面接官または係員の指示を受けて退室する。

　その際も，ドアの前で面接官のほうを向いて頭を下げ，静かにドアを開閉する。控え室に戻ったら，係員の指示を受けて退社する。

05 面接試験の評定基準

●協調性

　企業という「集団」では，他人との協調性が特に重視される。

　感情や態度が円満で調和がとれていること，極端に好悪の情が激しくなく，物事の見方や考え方が穏健で中立であることなど，職場での人間関係を円滑に進めていくことのできる人物かどうかが評価される。

●話し方

　外観印象的には，言語の明瞭さや応答の態度そのものがチェックされる。小さな声で自信のない発言，乱暴野卑な発言は減点になる。

　考えをまとめたら，言葉を選んで話すくらいの余裕をもって，真剣に応答しようとする姿勢が重視される。軽率な応答をしたり，まして発言に矛盾を指摘されるような事態は極力避け，もしそのような状況になりそうなときは，自分の非を認めてはっきりと謝るような態度を示すべき。

●好感度

　実社会においては，外観による第一印象が，人間関係や取引に大きく影響を及ぼす。

　「フレッシュな爽やかさ」に加え，入社志望など，自分の意思や希望をより明確にすることで，強い信念に裏づけられた姿勢をアピールできるよう努力したい。

●判断力

何を質問されているのか，何を答えようとしているのか，常に冷静に判断していく必要がある。

●表現力

話に筋道が通り理路整然としているか，言いたいことが簡潔に言えるか，話し方に抑揚があり聞く者に感銘を与えるか，用語が適切でボキャブラリーが豊富かどうか。

●積極性

活動意欲があり，研究心旺盛であること，進んで物事に取り組み，創造的に解決しようとする意欲が感じられること，話し方にファイトや情熱が感じられること，など。

●計画性

見通しをもって順序よく合理的に仕事をする性格かどうか，またその能力の有無。企業の将来性のなかに，自分の将来をどうかみ合わせていこうとしているか，現在の自分を出発点として，何を考え，どんな仕事をしたいのか。

●安定性

情緒の安定は，社会生活に欠くことのできない要素。自分自身をよく知っているか，他の人に流されない信念をもっているか。

●誠実性

自分に対して忠実であろうとしているか，物事に対してどれだけ誠実な考え方をしているか。

●社会性

企業は集団活動なので，自分の考えに固執したり，不平不満が多い性格は向かない。柔軟で適応性があるかどうか。

Point

清潔感や明朗さ，若々しさといった外観面も重視される。

---

06 面接試験の質問内容

1. 志望動機

受験先の概要や事業内容はしっかりと頭の中に入れておく。また，その企業の企業活動の社会的意義と，自分自身の志望動機との関連を明確にしておく。「安定している」「知名度がある」「将来性がある」といった利己的な動機，「自

分の性格に合っている」というような，あいまいな動機では説得力がない。安定性や将来性は，具体的にどのような企業努力によって支えられているのかという考察も必要だし，それに対する受験者自身の評価や共感なども問われる。

①どうしてその業種なのか

②どうしてその企業なのか

③どうしてその職種なのか

以上の①～③と，自分の性格や資質，専門などとの関連性を説明できるようにしておく。

自分がどうしてその会社を選んだのか，どこに大きな魅力を感じたのかを，できるだけ具体的に，情熱をもって語ることが重要。自分の長所と仕事の適性を結びつけてアピールし，仕事のやりがいや仕事に対する興味を述べるのもよい。

■複数の企業を受験していることは言ってもいい？

同じ職種，同じ業種で何社かかけもちしている場合，正直に答えてもかまわない。しかし，「第一志望はどこですか」というような質問に対して，正直に答えるべきかどうかというと，やはりこれは疑問がある。どんな会社でも，他社を第一志望にあげられれば，やはり愉快には思わない。

また，職種や業種の異なる会社をいくつか受験する場合も同様で，極端に性格の違う会社をあげれば，その矛盾を突かれるのは必至だ。

2. 仕事に対する意識・職業観

採用試験の段階では，次年度の配属予定が具体的に固まっていない会社もかなりある。具体的に職種や部署などを細分化して募集している場合は別だが，そうでない場合は，希望職種をあまり狭く限定しないほうが賢明。どの業界においても，採用後，新入社員には，研修としてその会社の各セクションをひと通り経験させる企業は珍しくない。そのうえで，具体的な配属計画を検討するのだ。

大切なことは，就職や職業というものを，自分自身の生き方の中にどう位置づけるか，また，自分の生活の中で仕事とはどういう役割を果たすのかを考えてみること。つまり自分の能力を活かしたい，社会に貢献したい，自分の存在価値を社会的に実現してみたい，ある分野で何か自分の力を試してみたい……，などの場合を考え，それを自分自身の人生観，志望職種や業種などとの関係を考えて組み立ててみる。自分の人生観をもとに，それを自分の言葉で表現できるようにすることが大切。

3. 自己紹介・自己PR

性格そのものを簡単に変えたり，欠点を克服したりすることは実際には難しいが，“仕方がない”という姿勢を見せることは禁物で，どんなささいなことでも，努力している面をアピールする。また一般的にいって，専門職を除けば，就職時になんらかの資格や技能を要求する企業は少ない。

ただ，資格をもっていれば採用に有利とは限らないが，専門性を要する業種では考慮の対象とされるものもある。たとえば英検，簿記など。

企業が学生に要求しているのは，4年間の勉学を重ねた学生が，どのように仕事に有用であるかということで，学生の知識や学問そのものを聞くのが目的ではない。あくまで，社会人予備軍としての謙虚さと素直さを失わないようにする。

知識や学力よりも，その人の人間性，ビジネスマンとしての可能性を重視するからこそ，面接担当者は，学生生活全般について尋ねることで，書類だけでは分からない人間性を探ろうとする。

何かうち込んだものや思い出に残る経験などは，その人の人間的な成長になんらかの作用を及ぼしているものだ。どんな経験であっても，そこから受けた印象や教訓などは，明確に答えられるようにしておきたい。

4. 一般常識・時事問題

一般常識・時事問題については筆記試験の分野に属するが，面接でこうしたテーマがもち出されることも珍しくない。受験者がどれだけ社会問題に関心をもっているか，一般常識をもっているか，また物事の見方・考え方に偏りがないかなどを判定する。知識や教養だけではなく，一問一答の応答を通じて，その人の性格や適応能力まで判断されることになる。

07 面接に向けての事前準備

■面接試験1カ月前までには万全の準備をととのえる

●志望会社・職種の研究

新聞の経済欄や経済雑誌などのほか，会社年鑑，株式情報など書物による研究をしたり，インターネットにあがっている企業情報や，検索によりさまざまな角度から調べる。すでにその会社へ就職している先輩や知人に会って知識を得たり，大学のキャリアセンターへ情報を求めるなどして総合的に判断する。

■専攻科目の知識・卒論のテーマなどの整理

大学時代にどれだけ勉強してきたか，専攻科目や卒論のテーマなどを整理しておく。

■時事問題に対する準備

毎日欠かさず新聞を読む。志望する企業の話題は，就職ノートに整理するなどもアリ。

面接当日の必需品

- ❏必要書類（履歴書，卒業見込証明書，成績証明書，健康診断書，推薦状）
- ❏学生証
- ❏就職ノート（志望企業ファイル）
- ❏印鑑，朱肉
- ❏筆記用具（万年筆，ボールペン，サインペン，シャープペンなど）
- ❏手帳，ノート
- ❏地図（訪問先までの交通機関などをチェックしておく）
- ❏現金（小銭も用意しておく）
- ❏腕時計（オーソドックスなデザインのもの）
- ❏ハンカチ，ティッシュペーパー
- ❏くし，鏡（女性は化粧品セット）
- ❏シューズクリーナー
- ❏ストッキング
- ❏折りたたみ傘（天気予報をチェックしておく）
- ❏携帯電話，充電器

■一般常識試験

Point

社会人として企業活動を行ううえで最低限必要となる一般常識のほか，
英語，国語，社会(時事問題)，数学などの知識の程度を確認するもの。

　難易度はおおむね中学・高校の教科書レベル。一般常識の問題集を1冊やっ
ておけばよいが，業界によっては専門分野が出題されることもあるため，必ず
志望する企業のこれまでの試験内容は調べておく。

■一般常識試験の対策

・**英語**　慣れておくためにも，教科書を復習する，英字新聞を読むなど。

・**国語**　漢字，四字熟語，反対語，同音異義語，ことわざをチェック。

・**時事問題**　新聞や雑誌,テレビ,ネットニュースなどアンテナを張っておく。

■適性検査

　SPI（Synthetic Personality Inventory）試験（SPI3試験）とも呼ばれ，能力
テストと性格テストを合わせたもの。

　能力テストでは国語能力を測る「言語問題」と，数学能力を測る「非言語問題」
がある。言語的能力，知覚能力，数的能力のほか，思考・推理能力，記憶力，
注意力などの問題で構成されている。

　性格テストは「はい」か「いいえ」で答えていく。仕事上の適性と性格の傾向
などが一致しているかどうかをみる。

Point

SPIは職務への適応性を客観的にみるためのもの。

01 「論文」と「作文」

　一般に「論文」はあるテーマについて自分の意見を述べ，その論証をする文章で，必ず意見の主張とその論証という2つの部分で構成される。問題提起と論旨の展開，そして結論を書く。

　「作文」は，一般的には感想文に近いテーマ，たとえば「私の興味」「将来の夢」といったものがある。

　就職試験では「論文」と「作文」を合わせた"論作文"とでもいうようなものが出題されることが多い。

　論作文試験とは，「文章による面接」。テーマに書き手がどういう態度を持っているかを知ることが，出題の主な目的だ。受験者の知識・教養・人生観・社会観・職業観，そして将来への希望などが，どのような思考を経て，どう表現されているかによって，企業にとって，必要な人物かどうかを判断している。

　論作文の場合には，書き手の社会的意識や考え方に加え，「感銘を与える」働きが要求される。就職活動とは，企業に対し「自分をアピールすること」だということを常に念頭に置いておきたい。

Point

論文と作文の違い

	論　文	作　文
テーマ	学術的・社会的・国際的なテーマ。時事，経済問題など	個人的・主観的なテーマ。人生観，職業観など
表現	自分の意見や主張を明確に述べる。	自分の感想を述べる。
展開	四段型（起承転結）の展開が多い。	三段型（はじめに・本文・結び）の展開が多い。
文体	「だ調・である調」のスタイルが多い。	「です調・ます調」のスタイルが多い。

・テーマ

与えられた課題（テーマ）を，受験者はどのように理解しているか。

出題されたテーマの意義をよく考え，それに対する自分の意見や感情が，十分に整理されているかどうか。

・表現力

課題について本人が感じたり，考えたりしたことを，文章で的確に表しているか。

・字・用語・その他

かなづかいや送りがなが合っているか，文中で引用されている格言やことわざの類が使用法を間違えていないか，さらに誤字・脱字に至るまで，文章の基本的な力が受験者の人柄ともからんで厳密に判定される。

・オリジナリティ

魅力がある文章とは，オリジナリティを率直に出すこと。自分の感情や意見を，自分の言葉で表現する。

・生活態度

文章は，書き手の人格や人柄を映し出す。平素の社会的関心や他人との協調性，趣味や読書傾向はどうであるかといった，受験者の日常における生き方，生活態度がみられる。

・字の上手・下手

できるだけ読みやすい字を書く努力をする。また，制限字数より文章が長くなって原稿用紙の上下や左右の空欄に書き足したりすることは避ける。消しゴムで消す場合にも，丁寧に。

いずれの場合でも，表面的な文章力を問うているのではなく，受験者の人柄のほうを重視している。

実践編 マナーチェックリスト

就活において企業の人事担当は，面接試験やOG／OB訪問，そして面接試験において，あなたのマナーや言葉遣いといった，「常識力」をチェックしている。現在の自分はどのくらい「常識力」が身についているかをチェックリストで振りかえり，何ができて，何ができていないかを明確にしたうえで，今後の取り組みに生かしていこう。

評価基準 5：大変良い 4：やや良い 3：どちらともいえない 2：やや悪い 1：悪い

	項　目	評　価	メ　モ
挨拶	明るい笑顔と声で挨拶をしているか		
	相手を見て挨拶をしているか		
	相手より先に挨拶をしているか		
	お辞儀を伴った挨拶をしているか		
	直接の応対者でなくても挨拶をしているか		
表情	笑顔で応対しているか		
	表情に私的感情がでていないか		
	話しかけやすい表情をしているか		
	相手の話は真剣な顔で聞いているか		
身だしなみ	前髪は目にかかっていないか		
	髪型は乱れていないか／長い髪はまとめているか		
	髭の剃り残しはないか／化粧は健康的か		
	服は汚れていないか／清潔に手入れされているか		
	機能的で職業・立場に相応しい服装をしているか		
	華美なアクセサリーはつけていないか		
	爪は伸びていないか		
	靴下の色は適当か／ストッキングの色は自然な肌色か		
	靴の手入れは行き届いているか		
	ポケットに物を詰めすぎていないか		

	項　目	評　価	メ　モ
言葉遣い	専門用語を使わず，相手にわかる言葉で話しているか		
	状況や相手に相応しい敬語を正しく使っているか		
	相手の聞き取りやすい音量・速度で話しているか		
	語尾まで丁寧に話しているか		
	気になる言葉癖はないか		
動作	物の授受は両手で丁寧に実施しているか		
	案内・指し示し動作は適切か		
	キビキビとした動作を心がけているか		
心構え	勤務時間・指定時間の５分前には準備が完了しているか		
	心身ともに健康管理をしているか		
	仕事とプライベートの切替えができているか		

☑ 常に自己点検をするクセをつけよう

「人を表情やしぐさ，身だしなみなどの見かけで判断してはいけない」と一般にいわれている。確かに，人の個性は見かけだけではなく，内面においても見いだされるもの。しかし，私たちは人を第一印象である程度決めてしまう傾向がある。それが面接試験など初対面の場合であればなおさらだ。したがって，チェックリストにあるような挨拶，表情，身だしなみ等に注意して面接試験に臨むことはとても重要だ。ただ，これらは面接試験前にちょっと対策したからといって身につくようなものではない。付け焼き刃的な対策をして面接試験に臨んでも，面接官はあっという間に見抜いてしまう。日頃からチェックリストにあるような項目を意識しながら行動することが大事であり，そうすることで，最初はぎこちない挨拶や表情等も，その人の個性に応じたすばらしい所作へ変わっていくことができるのだ。さっそく，本日から実行してみよう。

面接試験において，印象を決定づける表情はとても大事。
どのようにすれば感じのいい表情ができるのか，ポイントを確認していこう。

明るく,温和で 柔らかな表情をつくろう

人間関係の潤滑油

表情に関しては，まずは豊かである
ということがベースになってくる。う
れしい表情，困った表情，驚いた表
情など，さまざまな気持ちを表現で
きるということが，人間関係を潤いの
あるものにしていく。

Point

　表情はコミュニケーションの大前提。相手に「いつでも話しかけてください
ね」という無言の言葉を発しているのが，就活に求められる表情だ。面接
官が安心してコミュニケーションをとろうと思ってくれる表情。それが，明
るく，温和で柔らかな表情となる。

いますぐデキる
カンタンTraining

Training **01**

喜怒哀楽を表してみよう

- ・人との出会いを楽しいと思うことが表情の基本
- ・表情を豊かにする大前提は相手の気持ちに寄り添うこと
- ・目元・口元だけでなく，眉の動きを意識することが大事

Training **02**

表情筋のストレッチをしよう

- ・表情筋は「ウイスキー」の発音によって鍛える
- ・意識して毎日，取り組んでみよう
- ・笑顔の共有によって相手との距離が縮まっていく

コミュニケーションは挨拶から始まり，その挨拶ひとつで印象は変わるもの。
ポイントを確認していこう。

丁寧にしっかりと
はっきり挨拶をしよう

人間関係の第一歩

挨拶は心を開いて，相手に近づくコ
ミュニケーションの第一歩。たかが
挨拶，されど挨拶の重要性をわきま
えて，きちんとした挨拶をしよう。形，
つまり"技"も大事だが，心をこめ
ることが最も重要だ。

Point

挨拶はコミュニケーションの第一歩。相手が挨拶するのを待っているの
は望ましくない。挨拶の際のポイントは丁寧であることと，はっきり声に出
すことの2つ。丁寧な挨拶は，相手を大事にして迎えている気持ちの表れ
となる。はっきり声に出すことで，これもきちんと相手を迎えていることが
伝わる。また，相手もその応答として挨拶してくれることで，会ってすぐに
双方向のコミュニケーションが成立する。

いますぐデキる
カンタンTraining

Training 01

３つのお辞儀をマスターしよう

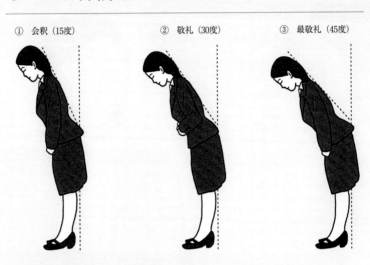

① 会釈（15度）　② 敬礼（30度）　③ 最敬礼（45度）

- 息を吸うことを意識してお辞儀をするとキレイな姿勢に
- 目線は真下ではなく，床前方1.5m先ぐらいを見よう
- 相手への敬意を忘れずに

Training 02

対面時は言葉が先，お辞儀が後

- 相手に体を向けて先に自ら挨拶をする
- 挨拶時，相手とアイコンタクトを
  しっかり取ろう
- 挨拶の後に，お辞儀をする。
  これを「語先後礼」という

コミュニケーションは「話す」よりも「聞く」ことといわれる。相手が話しやすい聞き方の，ポイントを確認しよう。

受容の立場で
傾聴しよう

相手の話を受けとめる

話を聞くときは，やや前に傾く姿勢をとる。表情と姿勢が合わさることにより，話し手の心が開き「あれも，これも話そう」という気持になっていく。また，「はい」と一度のお辞儀で頷くと相手の話を受け止めているというメッセージにつながる。

Point

　話をすること，話を聞いてもらうことは誰にとってもプレッシャーを伴うもの。そのため，「何でも話して良いんですよ」「何でも話を聞きますよ」「心配しなくて良いんですよ」という気持ちで聞くことが大切になる。その気持ちが聞く姿勢に表れれば，相手は安心して話してくれる。

カンタンTraining

Training **01**

頷きは一度で

・相手が話した後に「はい」と
　一言発する
・頷きすぎは逆効果

Training **02**

目線は自然に

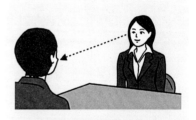

・鼻の付け根あたりを見ると
　自然な印象に
・目を見つめすぎるのはNG

Training **03**

話の句読点で視線を移す

・視線は話している人を見ることが基本
・複数の人の話を聞くときは句読点を意識し，
　視線を振り分けることで聞く姿勢を表す

実践編 STEP4 伝わる話し方

自分の意思を相手に明確に伝えるためには，話し方が重要となる。はっきりと
的確に話すためのポイントを確認しよう。

明るい発声を
心がけよう

ボリュームを意識して

話すときのポイントとしては，ボリュームを意識する
ことが挙げられる。会議室の一番奥にいる人に声が
届くように意識することで，声のボリュームはコント
ロールされていく。

Point

　コミュニケーションとは「伝達」すること。どのようなことも，適当に伝
えるのではなく，伝えるべきことがきちんと相手に届くことが大切になる。
そのためには，はっきりと，分かりやすく，丁寧に，心を込めて話すこと。
言葉だけでなく，表情やジェスチャーを加えることも有効。

いますぐデキる
カンタン**Training**

Training **01**

腹式呼吸で発声練習

・「あえいうえおあお」と発声する
・腹式呼吸は，胸部をなるべく動かさずに，息を吸うときにお腹や腰が膨らむよう意識する呼吸法

Training **02**

早口言葉にチャレンジ

おあやや
母親に
お謝り

・「おあやや，母親に，お謝り」と早口で
・口がすぼまった「お」と口が開いた「あ」の発音に，変化をつけられるかがポイント

Training **03**

ジェスチャーを有効活用

・腰より上でジェスチャーをする
・体から離した位置に手をもっていく
・ジェスチャーをしたら戻すところをさだめておく

身だしなみはその人自身を表すもの。身だしなみの基本について，ポイントを
確認しよう。

清潔感,さわやかさを
醸し出せるようにしよう

プロの企業人に
ふさわしい身だしなみを

信頼感，安心感をもたれる身だしな
みを考えよう。TPOに合わせた服装は,
すなわち "礼" を表している。そして,
身だしなみには,「清潔感」,「品のよさ」,
「控え目である」という，3つのポイ
ントがある。

Point

相手との心理的な距離や物理的な距離が遠ければ，コミュニケーションは
成立しにくくなる。見た目が不潔では誰も近付いてこない。身だしなみが
清潔であること，爽やかであることは相手との距離を縮めることにも繋がる。

いますぐデキる
カンタンTraining

Training 01

髪型，服装を整えよう

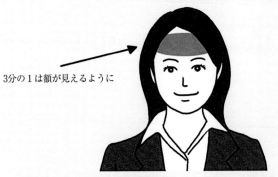

3分の1は額が見えるように

・男性も女性も眉が見える髪型が望ましい。3分の1は額が見えるように。額は知性と清潔感を伝える場所。男性の髪の長さは耳や襟にかからないように

・スーツで相手の前に立つときは，ボタンはすべて留める。男性の場合は下のボタンは外す

Training 02

おしゃれとの違いを明確に

・爪はできるだけ切りそろえる
・爪の中の汚れにも注意
・ジェルネイル，ネイルアートはNG

Training 03

足元にも気を配って

・女性の場合はパンプス，男性の場合は黒の紐靴が望ましい
・靴はこまめに汚れを落とし見栄えよく

姿勢にはその人の意欲が反映される。前向き，活動的な姿勢を表すにはどうしたらよいか，ポイントを確認しよう。

前向き,活動的な 姿勢を維持しよう

一直線と左右対称

正しい立ち姿として，耳，肩，腰，くるぶしを結んだ線が一直線に並んでいることが最大のポイントになる。そのラインが直線に近づくほど立ち姿がキレイに整っていることになる。また，"左右対称"というのもキレイな姿勢の要素のひとつになる。

Point

　姿勢は，身体と心の状態を反映するもの。そのため，良い姿勢でいることは，印象が清々しいだけでなく，健康で元気そうに見え，話しかけやすさにも繋がる。歩く姿勢，立つ姿勢，座る姿勢など，どの場面にも心身の健康状態が表れるもの。日頃から心身の健康状態に気を配り，フィジカルとメンタル両面の自己管理を心がけよう。

いますぐデキる
カンタンTraining

Training 01

キレイな歩き方を心がけよう

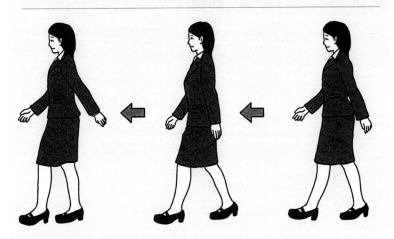

・女性は1本の線上を，男性はそれよりも太い線上を沿うように歩く
・一歩踏み出したときに前の足に体重を乗せるように，腰から動く
・12時の方向につま先をもっていく

Training 02

前向きな気持ちを持とう

・常に前向きな気持ちが姿勢を正す
・ポジティブ思考を心がけよう

就職活動のはじめかた　**211**

言葉遣いの正しさはとは，場面にあった言葉を遣うということ。相手を気づかいながら，言葉を選ぶことで，より正しい言葉に近づいていく。

相手と場面に合わせた ふさわしい言葉遣いを

次の文は接客の場面でよくある間違えやすい敬語です。
それぞれの言い方は〇×どちらでしょうか。

問1「資料をご拝読いただきありがとうございます」

問2「こちらのパンフレットはもういただかれましたか？」

問3「恐れ入りますが，こちらの用紙にご記入してください」

問4「申し訳ございませんが，来週，休ませていただきます」

問5「先ほどの件，帰りましたら上司にご報告いたしますので」

Point

　ビジネスのシーンに敬語は欠くことができない。何度もやり取りをしていく中で，親しさの度合いによっては，あえてくだけた表現を用いることもあるが，「親しき仲にも礼儀あり」と言われるように，敬意や心づかいをおろそかにしてはいけないもの。相手に誤解されたり，相手の気分を壊すことのないように，相手や場面にふさわしい言葉遣いが大切になる。

問1 （×） ○正しい言い換え例

→「ご覧いただきありがとうございます」など

「拝読」は自分が「読む」意味の謙譲語なので，相手の行為に使うのは誤り。読むと見るは同義なため，多く，見るの尊敬語「ご覧になる」が用いられる。

問2 （×） ○正しい言い換え例

→「お持ちですか」「お渡ししましたでしょうか」 など

「いただく」は，食べる・飲む・もらうの謙譲語。「もらったかどうか」と聞きたいのだから，「おもらいになりましたか」と言えないこともないが，持っているかどうか，受け取ったかどうかという意味で「お持ちですか」などが使われることが多い。また，自分側が渡すような場合は，「お渡しする」を使って「お渡ししましたでしょうか」などの言い方に換えることもできる。

問3 （×） ○正しい言い換え例

→「恐れ入りますが，こちらの用紙にご記入ください」など

「ご記入する」の「お（ご）～する」は謙譲語の形。相手の行為を謙譲語で表すことになるため誤り。「して」を取り除いて「ご記入ください」か，和語に言い換えて「お書きください」とする。ほかにも「お書き／ご記入・いただけますでしょうか・願います」などの表現もある。

問4 （△）

有給休暇を取る場合や，弔事等で休むような場面で，用いられることも多い。「休ませていただく」ということで一見丁寧に響くが，「来週休むと自分で休みを決めている」という勝手な表現にも受け取られかねない言葉だ。ここは同じ「させていただく」を用いても，相手の都合をうかがう言い方に換えて「○○がございまして，申し訳ございませんが，休みをいただいてもよろしいでしょうか」などの言い換えが好ましい。

問5 （×） ○正しい言い換え例

→「上司に報告いたします」

「ご報告いたします」は，ソトの人との会話で使うとするならば誤り。「ご報告いたします」の「お・ご～いたす」は，「お・ご～する」と「～いたす」という2つの敬語を含む言葉。そのうちの「お・ご～する」は，主語である自分を低めて相手＝上司を高める働きをもつ表現（謙譲語Ⅰ）。一方「～いたす」は，主語の私を低めて，話の聞き手に対して丁重に述べる働きをもつ表現（謙譲語Ⅱ 丁重語）。「お・ご～する」も「～いたす」も同じ謙譲語であるため紛らわしいが，主語を低める（謙譲）という働きは同じでも，行為の相手を高める働きがあるかないかという点に違いがあるといえる。

敬語は正しく使用することで，相手の印象を大きく変えることができる。尊敬語，謙譲語の区別をはっきりつけて，誤った用法で話すことのないように気をつけよう。

言葉の使い方が
マナーを表す!

■よく使われる尊敬語の形　「言う・話す・説明する」の例

専用の尊敬語型	おっしゃる
～れる・～られる型	言われる・話される・説明される
お（ご）～になる型	お話しになる・ご説明になる
お（ご）～なさる型	お話しなさる・ご説明なさる

■よく使われる謙譲語の形　「言う・話す・説明する」の例

専用の謙譲語型	申す・申し上げる
お（ご）～する型	お話しする・ご説明する
お（ご）～いたす型	お話しいたします・ご説明いたします

Point

　同じ尊敬語・謙譲語でも，よく使われる代表的な形がある。ここではその一例をあげてみた。敬語の使い方に迷ったときなどは，まずはこの形を思い出すことで，大抵の語はこの型にはめ込むことができる。同じ言葉を用いたほうがよりわかりやすいといえるので，同義に使われる「言う・話す・説明する」を例に考えてみよう。

　ほかにも「お話しくださる」や「お話しいただく」「お元気でいらっしゃる」などの形もあるが，まずは表の中の形を見直そう。

■よく使う動詞の尊敬語・謙譲語

なお，尊敬語の中の「言われる」などの「れる・られる」を付けた形は省力している。

基本	尊敬語（相手側）	謙譲語（自分側）
会う	お会いになる	お目にかかる・お会いする
言う	おっしゃる	申し上げる・申す
行く・来る	いらっしゃる おいでになる お見えになる お越しになる お出かけになる	伺う・参る お伺いする・参上する
いる	いらっしゃる・おいでになる	おる
思う	お思いになる	存じる
借りる	お借りになる	拝借する・お借りする
聞く	お聞きになる	拝聴する 拝聞する お伺いする・伺う お聞きする
知る	ご存じ（知っているという意で）	存じ上げる・存じる
する	なさる	いたす
食べる・飲む	召し上がる・お召し上がりになる お飲みになる	いただく・頂戴する
見る	ご覧になる	拝見する
読む	お読みになる	拝読する

「お伺いする」「お召し上がりになる」などは，「伺う」「召し上がる」自体が敬語なので「二重敬語」ですが，慣習として定着しており間違いではないもの。

Point

　上記の「敬語表」は，よく使うと思われる動詞をそれぞれ尊敬語・謙譲語で表したもの。このように大体の言葉は型にあてはめることができる。言葉の中には「お（ご）」が付かないものもあるが，その場合でも「〜なさる」を使って，「スピーチなさる」や「運営なさる」などと言うことができる。また，表では，「言う」の尊敬語「言われる」の例は省いているが，れる・られる型の「言われる」よりも「おっしゃる」「お話しになる」「お話しなさる」などの言い方のほうが，より敬意も高く，言葉としても何となく響きが落ち着くといった印象を受けるものとなる。

会話は相手があってのこと。いかなる場合でも，相手に対する心くばりを忘れないことが，会話をスムーズに進めるためのコツになる。

心くばりを添えるひと言で
言葉の印象が変わる!

　相手に何かを頼んだり，また相手の依頼を断ったり，相手の抗議に対して反論したりする場面では，いきなり自分の意見や用件を切り出すのではなく，場面に合わせて心くばりを伝えるひと言を添えてから本題に移ると，響きがやわらかくなり，こちらの意向も伝えやすくなる。俗にこれは「クッション言葉」と呼ばれている。（右表参照）

Point

　ビジネスの場面で，相手と話したり手紙やメールを送る際には，何か依頼事があってという場合が多いもの。その場合に「ちょっとお願いなんですが…」では，ふだんの会話と変わりがないものになってしまう。そこを「突然のお願いで恐れ入りますが」「急にご無理を申しまして」「こちらの勝手で恐縮に存じますが」「折り入ってお願いしたいことがございまして」などの一言を添えることで，直接的なきつい感じが和らぐだけでなく，「申し訳ないのだけれど，もしもそうしていただくことができればありがたい」という，相手への配慮や願いの気持ちがより強まる。このような前置きの言葉もうまく用いて，言葉に心くばりを添えよう。

相手の意向を尋ねる場合	「よろしければ」「お差し支えなければ」 「ご都合がよろしければ」「もしお時間がありましたら」 「もしお嫌いでなければ」「ご興味がおありでしたら」
相手に面倒を かけてしまうような場合	「お手数をおかけしますが」 「ご面倒をおかけしますが」 「お手を煩わせまして恐縮ですが」 「お忙しい時に申し訳ございませんが」 「お時間を割いていただき申し訳ありませんが」 「貴重なお時間を頂戴し恐縮ですが」
自分の都合を 述べるような場合	「こちらの勝手で恐縮ですが」 「こちらの都合（ばかり）で申し訳ないのですが」 「私どもの都合ばかりを申しまして，まことに申し訳な く存じますが」 「ご無理を申し上げまして恐縮ですが」
急な話をもちかけた場合	「突然のお願いで恐れ入りますが」 「急にご無理を申しまして」 「もっと早くにご相談申し上げるべきところでございま したが」 「差し迫ってのことでまことに申し訳ございませんが」
何度もお願いする場合	「たびたびお手数をおかけしまして恐縮に存じますが」 「重ね重ね恐縮に存じますが」 「何度もお手を煩わせまして申し訳ございませんが」 「ご面倒をおかけしてばかりで，まことに申し訳ござい ませんが」
難しいお願いをする場合	「ご無理を承知でお願いしたいのですが」 「たいへん申し上げにくいのですが」 「折り入ってお願いしたいことがございまして」
あまり親しくない相手に お願いする場合	「ぶしつけなお願いで恐縮ですが」 「ぶしつけながら」 「まことに厚かましいお願いでございますが」
相手の提案・誘いを断る場合	「申し訳ございませんが」 「（まことに）残念ながら」 「せっかくのご依頼ではございますが」 「たいへん恐縮ですが」 「身に余るお言葉ですが」 「まことに失礼とは存じますが」 「たいへん心苦しいのですが」 「お引き受けしたいのはやまやまですが」
問い合わせの場合	「つかぬことをうかがいますが」 「突然のお尋ねで恐縮ですが」

ここでは文章の書き方における，一般的な敬称について言及している。はがき，手紙，メール等，通信手段はさまざま。それぞれの特性をふまえて有効活用しよう。

相手の気持ちになって
見やすく美しく書こう

■敬称のいろいろ

敬称	使う場面	例
様	職名・役職のない個人	（例）飯田知子様／ご担当者様／経理部長　佐藤一夫様
殿	職名・組織名・役職のある個人（公用文など）	（例）人事部長殿／教育委員会殿／田中四郎殿
先生	職名・役職のない個人	（例）松井裕子先生
御中	企業・団体・官公庁などの組織	（例）○○株式会社御中
各位	複数あてに同一文書を出すとき	（例）お客様各位／会員各位

Point

　封筒・はがきの表書き・裏書きは縦書きが基本だが，洋封筒で親しい人にあてる場合は，横書きでも問題ない。いずれにせよ，定まった位置に，丁寧な文字でバランス良く，正確に記すことが大切。特に相手の住所や名前を乱雑な文字で書くのは，配達の際の間違いを引き起こすだけでなく，受け取る側に不快な思いをさせる。相手の気持ちになって，見やすく美しく書くよう心がけよう。

■各通信手段の長所と短所

	長所	短所	用途
封書	・封を開けなければ本人以外の目に触れることがない。 ・丁寧な印象を受ける。	・多量の資料・画像送付には不向き。 ・相手に届くまで時間がかかる。	・儀礼的な文書（礼状・わび状など） ・目上の人あての文書 ・重要な書類 ・他人に内容を読まれたくない文書
はがき・カード	・封書よりも気軽にやり取りできる。 ・年賀状や季節の便り，旅先からの連絡など絵はがきとしても楽しむことができる。	・封に入っていないため，第三者の目に触れることがある。 ・中身が見えるので，改まった礼状やわび状，こみ入った内容には不向き。 ・相手に届くまで時間がかかる。	・通知状　　　・案内状 ・送り状　　　・旅先からの便り ・各種お祝い　・お礼 ・季節の挨拶
ＦＡＸ	・手書きの図やイラストを文章といっしょに送れる。 ・すぐに届く。 ・控えが手元に残る。	・多量の資料の送付には不向き。 ・事務的な用途で使われることが多く，改まった内容の文書，初対面の人へは不向き。	・地図，イラストの入った文書 ・印刷物（本・雑誌など）
電話	・急ぎの連絡に便利。 ・相手の反応をすぐに確認できる。 ・直接声が聞けるので,安心感がある。	・連絡できる時間帯が制限される。 ・長々としたこみ入った内容は伝えづらい。	・緊急の用件 ・確実に用件を伝えたいとき
メール	・瞬時に届く。　・控えが残る。 ・コストが安い。 ・大容量の資料や画像をデータで送ることができる。 ・一度に大勢の人に送ることができる。 ・相手の居場所や状況を気にせず送れる。	・事務的な印象を与えるので，改まった礼状やわび状には不向き。 ・パソコンや携帯電話を持っていない人には送れない。 ・ウィルスなどへの対応が必要。	・データで送りたいとき ・ビジネス上の連絡

─Point─

　はがきは手軽で便利だが，おわびやお願い，格式を重んじる手紙には不向きとなる。この種の手紙は内容もこみ入ったものとなり，加えて丁寧な文章で書かなければならないので，数行で済むことはまず考えられない。また，封筒に入っていないため，他人の目に触れるという難点もある。このように，はがきにも長所と短所があるため，使う場面や相手によって，他の通信手段と使い分けることが必要となる。

　はがき以外にも，封書・電話・ＦＡＸ・メールなど，現代ではさまざまな通信手段がある。上に示したように，それぞれ長所と短所があるので，特徴を知って用途によって上手に使い分けよう。

電話応対

社会人のマナーとして，電話応対のスキルは必要不可欠。まずは失礼なく電話に出ることからはじめよう。積極性が重要だ。

相手の顔が見えない分
対応には細心の注意を

■電話をかける場合

① ○○先生に電話をする

× 「私，□□社の××と言いますが，○○様はおられますでしょうか？」

○ 「××と申しますが，○○様はいらっしゃいますか？」

「おられますか」は「おる」を謙譲語として使うため，通常は相手がいるかどうかに関しては，「いらっしゃる」を使うのが一般的。

② 相手の状況を確かめる

× 「こんにちは，××です，先日のですね…」

○ 「××です，先日は有り難うございました，今お時間よろしいでしょうか？」

相手が忙しくないかどうか，状況を聞いてから話を始めるのがマナー。また，やむを得ず夜間や早朝，休日などに電話をかける際は，「夜分（朝早く）に申し訳ございません」「お休みのところ恐れ入ります」などのお詫びの言葉もひと言添えて話す。

③ 相手が不在，何時ごろ戻るかを聞く場合

× 「戻りは何時ごろですか？」

○ 「何時ごろお戻りになりますでしょうか？」

「戻り」はそのままの言い方，相手にはきちんと尊敬語を使う。

④ また自分からかけることを伝える

× 「そうですか，ではまたかけますので」

○ 「それではまた後ほど（改めて）お電話させていただきます」

戻る時間がわかる場合は，「またお戻りになりましたころにでも」「また午後にでも」などの表現もできる。

■電話を受ける場合

①　電話を取ったら

×「はい，もしもし，〇〇（社名）ですが」

○「はい，〇〇（社名）でございます」

②　相手の名前を聞いて

×「どうも，どうも」

○「いつもお世話になっております」

　あいさつ言葉として定着している決まり文句ではあるが，日頃のお付き合いがあってこそ。あいさつ言葉もきちんと述べよう。「お世話様」という言葉も時折耳にするが，敬意が軽い言い方となる。適切な言葉を使い分けよう。

③　相手が名乗らない

×「どなたですか？」「どちらさまですか？」

○「失礼ですが，お名前をうかがってもよろしいでしょうか？」

名乗るのが基本だが，尋ねる態度も失礼にならないように適切な応対を心がけよう。

④　電話番号や住所を教えてほしいと言われた場合

×「はい，いいでしょうか？」　　×「メモのご用意は？」

○「はい，申し上げます，よろしいでしょうか？」

「メモのご用意は？」は，一見親切なようにも聞こえるが，尋ねる相手も用意していることがほとんど。押し付けがましくならない程度に。

⑤　上司への取次を頼まれた場合

×「はい，今代わります」　　×「〇〇部長ですね，お待ちください」

○「部長の〇〇でございますね，ただいま代わりますので，少々お待ちくださいませ」

　〇〇部長という表現は，相手側の言い方となる。自分側を述べる場合は，「部長の〇〇」「〇〇」が適切。

Point

　自分から電話をかける場合は，まずは自分の会社名や氏名を名乗るのがマナー。たとえ目的の相手が直接出た場合でも，電話では相手の様子が見えないことがほとんど。自分の勝手な判断で話し始めるのではなく，相手の都合を伺い，そのうえで話を始めるのが社会人として必要な気配りとなる。

時候の挨拶

月	漢語調の表現 候，みぎりなどを付けて用いられます	口語調の表現
1月 (睦月)	初春・新春 頌春・小寒・大寒・厳寒	皆様におかれましては，よき初春をお迎えのことと存じます／厳しい寒さが続いております／珍しく暖かな寒の入りとなりました／大寒という言葉通りの厳しい寒さでございます
2月 (如月)	春寒・余寒・残寒・立春・梅花・向春	立春とは名ばかりの寒さ厳しい毎日でございます／梅の花もちらほらとふくらみ始め，春の訪れを感じる今日この頃です／春の訪れが待ち遠しいのごろでございます
3月 (弥生)	早春・浅春・春寒・春分・春暖	寒さもようやくゆるみ，日ましに春めいてまいりました／ひと雨ごとに春めいてまいりました／日増しに暖かさが加わってまいりました
4月 (卯月)	春暖・陽春・桜花・桜花爛漫	桜花爛漫の季節を迎えました／春光うららかな好季節となりました／花冷えとでも申しましょうか，何だか肌寒い日が続いております
5月 (皐月)	新緑・薫風・惜春・晩春・立夏・若葉	風薫るさわやかな季節を迎えました／木々の緑が目にまぶしいようでございます／目に青葉，山ほととぎす，初鰹の句も思い出される季節となりました
6月 (水無月)	梅雨・向暑・初夏・薄暑・麦秋	初夏の風もさわやかな毎日でございます／梅雨前線が近づいてまいりました／梅雨の晴れ間にのぞく青空は，まさに夏を思わせるようです
7月 (文月)	盛夏・大暑・炎暑・酷暑・猛暑	梅雨が明けたとたん，うだるような暑さが続いております／長い梅雨も明け，いよいよ本格的な夏がやってまいりました／風鈴の音がわずかに涼を運んでくれているようです
8月 (葉月)	残暑・晩夏・処暑・秋暑	立秋とはほんとうに名ばかりの厳しい暑さの毎日です／残暑たえがたい毎日でございます／朝夕はいくらかしのぎやすくなってまいりました
9月 (長月)	初秋・新秋・爽秋・新涼・清涼	九月に入りましてもなお，日差しの強い毎日です／暑さもやっとおとろえはじめたようでございます／残暑も去り，ずいぶんとしのぎやすくなってまいりました
10月 (神無月)	清秋・錦秋・秋涼・秋冷・寒露	秋風もさわやかな過ごしやすい季節となりました／街路樹の葉も日ごとに色を増しております／紅葉の便りの聞かれるころとなりました／秋深く，日増しに冷気も加わってまいりました
11月 (霜月)	晩秋・暮秋・霜降・初霜・向寒	立冬を迎え，まさに冬到来を感じる寒さです／木枯らしの季節になりました／日ごとに冷気が増すようでございます／朝夕はひときわ冷え込むようになりました
12月 (師走)	寒冷・初冬・師走・歳晩	師走を迎え，何かと慌ただしい日々をお過ごしのことと存じます／年の瀬も押しつまり，何かとお忙しくお過ごしのことと存じます／今年も残すところわずかとなりました，お忙しい毎日とお察しいたします

いますぐデキる
シチュエーション別会話例

シチュエーション1　取引先との会話

「非常に素晴らしいお話で感心しました」→NG！

　「感心する」は相手の立派な行為や，優れた技量などに心を動かされるという意味。意味としては間違いではないが，目上の人に用いると，偉そうに聞こえかねない表現。「感動しました」などに言い換えるほうが好ましい。

シチュエーション2　子どもとの会話

「お母さんは，明日はいますか？」→NG！

　たとえ子どもとの会話でも，子どもの年齢によっては，ある程度の敬語を使うほうが好ましい。「明日はいらっしゃいますか」では，むずかしすぎると感じるならば，「お出かけですか」などと表現することもできる。

シチュエーション3　同僚との会話

「今，お暇ですか」→NG？

　同じ立場同士なので，暇に「お」が付いた形で「お暇」ぐらいでも構わないともいえるが，「暇」というのは，するべきことも何もない時間という意味。そのため「お暇ですか」では，あまりにも直接的になってしまう。その意味では「手が空いている」→「空いていらっしゃる」→「お手透き」などに言い換えることで，やわらかく敬意も含んだ表現になる。

シチュエーション4　上司との会話

「なるほどですね」→NG！

　「なるほど」とは，相手の言葉を受けて，自分も同意見であることを表すため，相手の言葉・意見を自分が評価するというニュアンスも含まれている。そのため自分が評価して述べているという偉そうな表現にもなりかねない。同じ同意ならば，頷き「おっしゃる通りです」などの言葉のほうが誤解なく伝わる。

就活スケジュールシート

■年間スケジュールシート

1月	2月	3月	4月	5月	6月
企業関連スケジュール					
自己の行動計画					

就職活動をすすめるうえで，当然重要になってくるのは，自己のスケジュール管理だ。企業の選考スケジュールを把握することも大切だが，自分のペースで進めることになる自己分析や業界・企業研究，面接試験のトレーニング等の計画を立てることも忘れてはいけない。スケジュールシートに「記入」する作業を通して，短期・長期の両方の面から就職試験を考えるきっかけにしよう。

7月	8月	9月	10月	11月	12月
企業関連スケジュール					
自己の行動計画					

● 情報提供のお願い ●

　就職活動研究会では，就職活動に関する情報を募集しています。

　エントリーシートやグループディスカッション，面接，筆記試験の内容等について情報をお寄せください。ご応募はメールアドレス（edit@kyodo-s.jp）へお願いいたします。お送りくださいました方々には薄謝をさしあげます。

　ご協力よろしくお願いいたします。

会社別就活ハンドブックシリーズ

アサヒグループHDの
就活ハンドブック

編　者	就職活動研究会
発　行	令和 6 年 2 月 25 日
発行者	小貫輝雄
発行所	協同出版株式会社

〒 101-0054
東京都千代田区神田錦町 2-5
電話　03-3295-1341
振替　東京00190-4-94061

印刷所　協同出版・POD工場

落丁・乱丁はお取り替えいたします

●2025年度版●
会社別就活ハンドブックシリーズ
【全111点】

運　輸

東日本旅客鉄道の就活ハンドブック

東海旅客鉄道の就活ハンドブック

西日本旅客鉄道の就活ハンドブック

東京地下鉄の就活ハンドブック

小田急電鉄の就活ハンドブック

阪急阪神 HD の就活ハンドブック

商船三井の就活ハンドブック

日本郵船の就活ハンドブック

機　械

三菱重工業の就活ハンドブック

川崎重工業の就活ハンドブック

IHI の就活ハンドブック

島津製作所の就活ハンドブック

浜松ホトニクスの就活ハンドブック

村田製作所の就活ハンドブック

クボタの就活ハンドブック

金　融

三菱 UFJ 銀行の就活ハンドブック

三菱 UFJ 信託銀行の就活ハンドブック

みずほ FG の就活ハンドブック

三井住友銀行の就活ハンドブック

三井住友信託銀行の就活ハンドブック

野村證券の就活ハンドブック

りそなグループの就活ハンドブック

ふくおか FG の就活ハンドブック

日本政策投資銀行の就活ハンドブック

建設・不動産

三菱地所の就活ハンドブック

三井不動産の就活ハンドブック

積水ハウスの就活ハンドブック

大和ハウス工業の就活ハンドブック

鹿島建設の就活ハンドブック

大成建設の就活ハンドブック

清水建設の就活ハンドブック

資源・素材

旭旭化成グループの就活ハンドブック

東レの就活ハンドブック

ワコールの就活ハンドブック

関西電力の就活ハンドブック

日本製鉄の就活ハンドブック

中部電力の就活ハンドブック

九州電力の就活ハンドブック

自動車

トヨタ自動車の就活ハンドブック

デンソーの就活ハンドブック

本田技研工業の就活ハンドブック

日産自動車の就活ハンドブック

商　社

三菱商事の就活ハンドブック

伊藤忠商事の就活ハンドブック

住友商事の就活ハンドブック

双日の就活ハンドブック

丸紅の就活ハンドブック

豊田通商の就活ハンドブック

三井物産の就活ハンドブック

情報通信・IT

NTT データの就活ハンドブック

サイバーエージェントの就活ハンドブック

NTT ドコモの就活ハンドブック

LINE ヤフーの就活ハンドブック

野村総合研究所の就活ハンドブック

SCSK の就活ハンドブック

日本電信電話の就活ハンドブック

富士ソフトの就活ハンドブック

KDDI の就活ハンドブック

日本オラクルの就活ハンドブック

ソフトバンクの就活ハンドブック

GMO インターネットグループ

楽天の就活ハンドブック

オービックの就活ハンドブック

mixi の就活ハンドブック

DTS の就活ハンドブック

グリーの就活ハンドブック

TIS の就活ハンドブック

食品・飲料

サントリー HD の就活ハンドブック

日本たばこ産業 の就活ハンドブック

味の素の就活ハンドブック

日清食品グループの就活ハンドブック

キリン HD の就活ハンドブック

山崎製パンの就活ハンドブック

アサヒグループ HD の就活ハンドブック

キユーピーの就活ハンドブック

生活用品

資生堂の就活ハンドブック

武田薬品工業の就活ハンドブック

花王の就活ハンドブック

電気機器

三菱電機の就活ハンドブック

ダイキン工業の就活ハンドブック

ソニーの就活ハンドブック

日立製作所の就活ハンドブック

ＮＥＣの就活ハンドブック

富士フイルム HD の就活ハンドブック

パナソニックの就活ハンドブック

富士通の就活ハンドブック

キヤノンの就活ハンドブック

京セラの就活ハンドブック

オムロンの就活ハンドブック

キーエンスの就活ハンドブック

保　険

東京海上日動火災保険の就活ハンドブック

第一生命ホールディングスの就活ハンドブック

三井住友海上火災保険の就活ハンドブック

損保ジャパンの就活ハンドブック

メディア

日本印刷の就活ハンドブック

博報堂 DY の就活ハンドブック

TOPPAN ホールディングスの就活ハンドブック

エイベックスの就活ハンドブック

東宝の就活ハンドブック

流通・小売

ニトリ HD の就活ハンドブック

イオンの就活ハンドブック

ZOZO の就活ハンドブック

エンタメ・レジャー

オリエンタルランドの就活ハンドブック

アシックスの就活ハンドブック

バンダイナムコ HD の就活ハンドブック

コナミグループの就活ハンドブック

スクウェア・エニックス HD の就活ハンドブック

任天堂の就活ハンドブック

カプコンの就活ハンドブック

セガサミー HD の就活ハンドブック

タカラトミーの就活ハンドブック

▼会社別就活ハンドブックシリーズにつきましては，協同出版
のホームページからもご注文ができます。詳細は下記のサイ
トでご確認下さい。

https://kyodo-s.jp/examination_company